Huub Oosterhuis

Dein ist die Zukunft

Huub Oosterhuis

Dein ist die Zukunft

Meditationen – Gebete – Lieder
von Advent zu Advent

Herder
Freiburg · Basel · Wien

Titel der Originalausgabe: *De dag die komt*.
Het bijbelse geloofsverhaal: woorden om te doen.
Overwegingen, liederen, gebeden, van Advent tot Advent

Aus dem Niederländischen von
Michael Kuhn und Kees Kok

Umschlagbild: Vincent van Gogh, *Sonnenaufgang* (1889)

Printed in Germany

Herstellung: Clausen & Bosse, Leck
ISBN 3-451-22095-4

Vorwort

In der Mitte der sechziger Jahre entdeckten, ziemlich plötzlich, katholische Christen die Bibel als die älteste und tragfähigste Schicht ihrer eigenen christlichen Tradition, als notwendiges »Lernbuch« der Glaubens- und Lebenserneuerung. Nach jahrelanger vorbereitender Arbeit von Bibelwissenschaftlern und -vermittlern wurde in kleinen katholischen Kreisen das deutlich, was reformatorischen Christen, wenn sie wirklich reformatorisch erzogen wurden, von Kindesbeinen an bewußt ist: daß es in der Kirche nicht um die Kirche gehen muß, sondern um die Glaubensgeschichte Israels und ihre Auslegung durch Jesus und die Apostel.

In diesem Buch wird der Versuch unternommen, diese Entdeckung in neuen Erprobungen von Schrifterklärung, Meditation, Übertragung von biblischen Texten, Gebeten, Liedern weiterzuführen. Die Texte sind in der gottesdienstlichen Praxis der Amsterdamer Studentenekklesia entstanden und wurden für dieses Buch in unterschiedlicher Gewichtung auf den Kreislauf des traditionellen Kirchenjahres aufgeteilt.

Die deutsche Ausgabe wurde gegenüber dem Original teils gekürzt und teils um neue Texte erweitert. Anläßlich der deutschen Ausgabe nehme ich die Gelegenheit wahr, deutsche Komponisten zur Vertonung der vielen singbaren Texte dieses Buches einzuladen.

Amsterdam, August 1992 *Huub Oosterhuis*

Wem es ernst damit wäre,
der müßte zu einem einzigen Gebet
viele Wochen lang erst Mut fassen.

Elias Canetti

Inhalt

Ich-mit-dir

Gott ist Er allein.
Feuer geht Ihm voraus,
Blitze über die Erde.

Die Erde hat es gesehn.
Die Erde kreischte und stöhnte
wie eine gebärende Frau.

Berge schmelzen wie Wachs,
Tote leben, Götter
fliehen, wo Er erscheint.

Tod fällt auf den Menschen,
der sich Bildern beugt.
Gott ist Er allein.

Wer das Unrecht haßt,
wird von Ihm erkannt -
Er bewahrt dein Herz,

sagt zu deinem Herzen:
Wenn du wahrst das Recht,
wird die Erde neu,

wenn du Liebe tust,
wird das Licht gesät.
Faß Mut, Ich-mit-dir.

Gott ist Er allein.
Feuer geht Ihm voraus,
neues Licht über die Erde.

Nach Psalm 97

Die biblische Glaubensgeschichte

Wer ab und zu, wer von Woche zu Woche oder gar täglich in die Kirche geht, der wird dort Worte hören, die der jüdischen Heiligen Schrift, der biblischen Glaubenserzählung entnommen sind. Was ist denn eine Kirche? Ein Ort, an dem wir an der Lebenskraft der Schrift Anteil erhalten, an der Unterweisung, die darin aufgeschrieben ist: Lebensweisung, Tora. Eine Antwort auf die Frage: Was müssen wir tun, um wirklich, »ewig«, nicht umsonst und sinnlos, sondern menschenwürdig zu leben?

In dieser Frage liegen noch viele andere Fragen mit eingeschlossen. Jede Antwort nimmt wieder das Wort von Ihm auf, der Einer genannt wird, Erster und Letzter. Er hatte ein Ideal vor Augen: eine Menschheit im Licht, eine Erde, auf der Gerechtigkeit wohnt, eine Stadt des Friedens. Diese Vision ist die Einheit der Worte, der Zusammenhang all dessen, was in den Büchern des Mose und der Propheten sowie in den Schriften geschrieben steht, die »im Namen Jesu« mit der jüdischen Bibel verbunden wurden; auf dieses Ende hin sind alle Bücher der Schrift geordnet. Wer sie vom Anfang bis zum Ende hin durchliest, der geht einen weiten Weg, durch das Meer, durch die Wüste, über Abgründe hinweg, und er lernt die Hoffnung, das Ausharren, mit dem Menschen damals zu einer »besseren Heimat als dieser« unterwegs waren.

Die Heilige Schrift ist ein Weg, der aufgeschrieben wurde, ein Weg aus Worten, Worten, die getan werden müssen. Ein »Lernbuch« der Lebens- und Glaubenserneuerung: Mit Hilfe der biblischen Lebensweisung versuche ich, die Hoffnung wiederzufinden, das Ideal hoch zu halten und dicht an der

Wirklichkeit zu halten, mit beiden Beinen auf dem Boden (Tora ist Vision und Lebensregel für jeden Tag). Was ist aber diese einfache Lebensregel, die auf ein so hohes Ideal (Menschheit im Glanz des Lichtes) setzt? »Liebe deinen Nächsten, denn er ist wie du«: Dieses Wort ist in der jüdischen Überlieferung und bei Jesus die kürzeste Zusammenfassung der ganzen Tora.

Die Kirche ist der Ort, an dem diese Schrift gesungen, gelesen, buchstabiert, erklärt wird, angewendet, gefeiert in »Sprache und Zeichen« und wieder aufs neue befragt. Menschen, die sich versammeln, um an Seele und Geist dieser Schrift teilzuhaben, um in den überlieferten Worten Ermutigung und Licht und, wenn möglich, aneinander Halt und Erkennen zu finden – sie nennen sich seit jeher Gemeinde, die unter dem Dach des Wortes zusammenwohnt, oder »Ekklesia«, die zusammengerufen wurde, die Teilhaber an ein und derselben Berufung.

Tora

Das hebräische Wort Tora wird gewöhnlich mit »Gesetz« übersetzt. Diese Wiedergabe ist aber unzulänglich, denn sie legt die Vorstellung nahe, daß in der jüdischen Bibel das Einhalten von Geboten im Mittelpunkt stünde, während es in der »christlichen« Bibel um die Liebe gehe; der Gott des Mose wäre dann vor allem ein strenger Gesetzgeber, der Gott Jesu jedoch ein liebevoller Vater. Das wäre ein schlimmes Mißverständnis. Die Tora ist eine Lehre der Liebe. Jesus und alle, die er gesandt hat, sind Kronzeugen dieses Glaubens und dieses »Gewissens«: Liebt euren Nächsten, liebt Ihn, euren Gott. »Gott ist Liebe«, so übersetzt der jüdische Dichter-Evangelist Johannes in wenigen Worten sein gesamtes geistiges Erbe.

Eine Stadt des Friedens, eine neue Erde, das ist das »Letztendlich«, auf das hin die Schrift geschrieben ist. Sie beginnt aber mit der tiefsten Tiefe des Elends, mit der Beschreibung der Unterdrückung und der Ausbeutung, der Knechtschaft – ein Los, dem heute Millionen von Menschen ausgesetzt sind,

Menschen wie wir, Kinder wie unsere Kinder. Man lese die ersten Kapitel des Buches Exodus: Es wurden Aufseher eingesetzt, die sie mit Zwangsarbeit unterdrückten, die sie schlugen und ihnen das Leben durch harte Sklavenarbeit unerträglich machten. »Und es geschah in diesen Tagen, daß die Kinder Israels in ihrem Sklavendienst seufzten und stöhnten und laut schrien. Ihr Rufen um Hilfe stieg hinauf zu Gott. Und Gott hörte ihr Schreien. Und er gedachte seines Bundes mit Abraham, mit Isaak und mit Jakob. Er sah die Kinder Israels. Er wußte.«

Die Welt ist heute nicht anders, es sind dieselben Menschen: harte, sanftmütige, ängstliche, mutige, schöne, angsteinjagende, unberechenbare. Wer die Bibel liest, der erkennt sie. Wenn wir auch nicht viel von dieser ungewöhnlichen Bildsprache und diesem Erzählstil begreifen, wir verstehen, daß es sich um Menschen wie wir handelt, aus demselben Staub gemacht; mit Augen, die versuchen, zu sehen, was zu sehen ist – aber noch nie hat jemand Gott gesehen, damals nicht und bis heute nicht.

Wie die Menschen damals mit ihrem verborgenen Gott umgegangen sind, wie sein Wort in ihnen gewirkt, ihre Sicht und Sehweise verändert hat, das ist in der Bibel aufgeschrieben und ist bis heute wiederzuerkennen. Die Tröstung der Schrift.

Bis in unsere Tage gibt es Menschen, die in der Geschichte Israels, des Auszugsvolkes, ihren eigenen Lebensweg wiedererkennen. So wird die heilige Schrift Israels auch ihre heilige Schrift, wird die Tora des Mose auch ihre Lebensweisung, zur Klärung und Erhellung ihres eigenen Lebens. Sie erkennen die Schrift als glaubwürdig, und was zu Israel gesprochen ist, hören sie, als zu ihnen gesprochen.

Quelle des Lebens

Die jüdische Bibel ist die tiefste und stärkste Schicht der christlichen Tradition. »Quelle lebendigen Wassers« wird die Lebensweisung der Tora in der Bibel selbst genannt, »Quelle des Lebens« und »Brot vom Himmel«, Wegzehrung in der Wüste.

Aus dieser Quelle hat die Gemeinde derer, die Jesus gefolgt sind, immer getrunken; dieses Brot hat sie bei ihren Zusammenkünften gebrochen und ausgeteilt. In einer altchristlichen, vermutlich um 100 entstandenen Schrift wird das Bewußtsein ausgesprochen, daß »wir« (die Nicht-Juden) Anteil an »Israels Weisheit und Leben« erhalten haben; mit einem beliebten Bild aus den Psalmen und den Prophetenliedern wird Israel der »heilige Weinstock Davids« genannt:

»Wir danken dir, unser Vater,
für den heiligen Weinstock Davids,
an dem du uns Anteil gegeben hast
durch Jesus, deinen Knecht.«

»Wir«, Kinder der »Heiden« (oder mit einem weniger belasteten Wort: der »Völker«), sind auf diesen »edlen Ölbaum« aufgepfropft, schreibt Paulus in seinem grundlegenden Brief an die Ekklesia von Rom. »Ihr habt Anteil erhalten am Saft dieses Ölbaums«, an der Lebenskraft Israels. Oder mit einem anderen Bild: Wir sind durch Jesus auf den Weg der Tora gelangt; er ist uns auf dem »ewigen Weg« vorausgegangen. Daß der Gott Israels auch unser Gott sein will, das wissen wir durch ihn und mit ihm und in ihm.

Lesen wir die Auszugsgeschichte Israels als unsere eigene Geschichte. Machen wir die Szenen von Israels Befreiung zu Bildern dessen, was wir für uns selbst erhoffen. Lassen wir seine Psalmen zu unserem eigenen Gebet und sein Gewissen zu unserem eigenen werden, auf daß wir in das gute weite Land kommen, zu dem die Kinder Israels damals, in jenen Tagen, aufgebrochen sind.

Es ist ein Land mit »Quellen und Bächen und Wasserfällen«, das Gegenteil von Wüste. »Wasser« ist das biblische Bild für alles, was der Mensch zum Leben braucht, erste Lebensbedingung; Wasser ist das Recht auf Leben, Menschenrecht. Ein Becher Wasser für einen der Geringsten ist der Prüfstein der Gerechtigkeit. »Gutes weites Land« ist der biblische Ausdruck für eine menschliche Gemeinschaft ohne Knechtschaft und Unterdrückung und ohne die daraus folgende Angst, Wut und Rache.

Wer die Worte der Tora in seinem Herzen trägt, der trägt »das Land« in seinem Herzen. In der Kraft dieser Lehre der Liebe haben Menschen Oasen in der Wüste gepflanzt. »Die Steppe wird blühen, die Steppe wird lachen und jauchzen« durch die Kraft der Tora. Wer diese Worte nicht tut, wer sich nicht vom Prinzip der Gerechtigkeit leiten läßt, der verwirkt das Land, macht es wieder zur Wüste. Höre, Israel. Höre, du.

Höre, Israel

Höre, Israel.
Er unser Gott, Einer und einzig.
Liebe ihn dann, deinen Gott,
mit all deinem Herzen,
mit all deiner Seele,
mit all deiner Kraft.

Diese Worte, dir aufgetragen,
hier und heute, schreibe sie in dein Herz.
Präge sie deinen Kindern ein.
Wiederhole sie zu Hause und unterwegs, wo immer du bist;
wenn du schlafen gehst und wenn du aufstehst.
Binde sie als Zeichen an deine Hand, als Kennmal.
Lege sie als Zeichen an deine Stirn, zum Gedächtnis.
Ritze sie in die Pfosten deiner Tür,
in den Durchgang deiner Tore.

Hüte dich, daß es nicht geht,
wie es so oft gegangen ist:
Dein Herz wird betört,
du irrst zu anderen Gottheiten ab,
du dienst ihnen, du beugst dich in den Staub.

Dann wird sein Zorn entbrennen.
Er wird den Himmel verschließen,
daß kein Regen mehr fällt, kein Acker mehr trägt.
Dann, ehe du dich versiehst, bist du weg,
verschwunden aus diesem guten Land,
das er gegeben hatte –

Geschehen wird's, wenn du hörst,
hörst auf die Worte, die ich dir auftrage
hier und heute: ihn, deinen Gott, zu lieben,
ihm zu dienen mit deinem Herzen, deiner Seele –
dann wird's geschehn, daß zur rechten Zeit
der Regen fällt auf dein Land,
Herbst- und Frühlingsschauer.
Ernte von Korn, Wein, Öl bringst du ein,
für dein Vieh werden Felder voller Pflanzen stehen.
Essen wirst du und gesättigt werden.

Lege dann diese Worte an dein Herz,
birg sie im Innersten deiner Seele.
Binde sie als Zeichen an deine Hand,
trage sie um deine Stirn, wie eine Schnur
des Gedächtnisses, genau über deinen Augen.
Lehre sie deinen Kindern, sprich sie aus
zu Hause und unterwegs; wenn du schlafen gehst,
wenn du aufstehst. Ritze sie ein in die Pfosten
deines Hauses, in den Durchgang deines Stadttors –
damit sich vermehren deine Lebenstage
und die Tage deiner Söhne und deiner Töchter.

Hat er nicht deinen Vorfahren geschworen,
daß er ihnen dieses Land geben wird,
daß ihre Nachkommenschaft hier wohnen wird.
Solange der Himmel über der Erde steht. All die Zeit.

Deuteronomium 6,4–9; 11,16–17.13–15.18–21

Der Name

Er unser Gott. Der Eine. Der Einzigartige, der Einzige – wer sonst? Hat jemals ein anderer dich befreit? Er allein. Bleib bei deinem Befreier, man kann auch sagen: Liebe ihn, deinen Gott. Er ist auch »einer« im Sinne von »nicht zwei« (hell und dunkel), nicht doppeldeutig (anziehend und abstoßend, faszinierend und schrecklich) wie all das sogenannte »Heilige«. Er ist nicht innerlich gespalten, nicht willkürlich, launenhaft, unberechenbar. Daß er »einer« ist, heißt, daß er zielstrebig, ungebrochen, ganz ist. Er weiß, was er will: *eine* Menschheit, vollkommen glückliche Menschen. »Seid eins, weil ich eins bin; seid heilig, weil ich heilig bin.« Heilig? Heilig, so wie die Schrift heilig ist?

Gibt es Gott? Es wimmelt von Göttern (zumindest der Bibel nach) – wimmeln ist eigentlich ein zu schwaches Wort für diese intrigierenden, einander vom Götterberg verdrängenden, kämpfend über die Erde dahinjagenden Götter und Göttinnen, starken Männer, eisernen Damen, Machthaber, Menschenunterdrücker. Aber unter ihnen allen gibt es keinen einzigen, der den Namen »Gott« verdient. »Gott« ist er allein, der (als einziger) die Menschen aus allen möglichen Formen der Versklavung befreit sehen will. Nur »Gott« ist die Stimme, die Menschen zur Befreiung ruft – die in ihnen so weiterwirkt, daß sie einander befreien. Ob in Gottesdienst, Verkündigung, Schrifterklärung, Katechese, ob in Kirchen, Sälen, Schulräumen oder unter freiem Himmel, wir müssen damit aufhören, das Wort »Gott« so freiweg, losgelöst von der biblischen Bedeutung zu gebrauchen. Wir müssen versuchen, das Wort »Gott« von der biblischen Befreiungs- und Auszugsgeschichte her aufzuladen und es unlösbar mit der Vision von einem guten weiten Land zu verbinden.

Er wird »Herr« genannt. »Herr« ist die Übersetzung des hebräischen Wortes »Adonai«. Überall, wo in der hebräischen Bibel der Gottesname JHWH steht, sagt man »Adonai«.

Der Mann Mose, mit knapper Not gerettet, erzogen am

Hof des Pharao, des Königs vom Finsternisland, wider Willen Mörder eines ägyptischen Sklaventreibers, Flüchtling, Asylant in der Wüste, Hirte: Er führt seine Herde tief in die Wüste hinein, bis an den Fuß des Sinaimassivs; er hört eine Stimme aus dem brennenden Strauch – die Stimme: »Ich habe gesehen. Ich habe gehört. Ich weiß, was sie leiden. Ich werde dasein.«

Dasein, wo und wie auch immer (Ich da-sein werde). Daß Ich hier oder dort bin, wird sich hier oder dort zeigen, wird aufleuchten – Ich werde »erscheinen«. Nenne die »Gestalt, in der (Ich da-sein werde)« Engel, Wort, Feuer, Licht, Wolke, starke Hand, ausgestreckter Arm, in Erbarmen ausgestreckt – sie ist offen, ein weißer Fleck; sie wird »gefüllt« werden. Meine Anwesenheit, die Gegenwart meines Geistes wird in einem Menschen verkörpert sein, der einen anderen Menschen befreit; in Menschen, die mit ausgestreckten Armen füreinander Erbarmen zeigen. In ihnen werde Ich sein. Wie eine Stimme in einem, wie jemand in einem, der sagt: Das darf nicht länger so sein, dieses Unrecht, alle diese Ausgestoßenen, daß sie einfach so sterben.

Wie Ich dasein werde? So wie die einmal unerbittlich gesprochenen Worte »nicht töten«. Wort wie ein Blitz, und mag dieses Wort auch durch einen Krieg nach dem anderen geleugnet werden, es wurde gehört und bleibt unvergeßlich, es steht in Menschenherzen geschrieben, es wird dasein.

Ich werde dasein in Worten wie »Liebt einander«, im Gewissen, das diese Worte bewahrt. Ich werde dasein, für dich, was auch geschehen mag. Fürchte dich nicht, Ich-mit-dir, das ist mein Name. Mehr geht nicht, mehr braucht man nicht, das ist »alles« bis zum letzten Tag.

Dieser Name ist die Zusammenfassung der ganzen biblischen Erlösungsgeschichte und Gnadenvision. Von diesem Befreiergott steht geschrieben, daß er immer schon, von allem Anfang an, mit unserer Begnadung begonnen hat. Dieser Anfang wird »Schöpfung« genannt und Er allein »Schöpfer des Himmels und der Erde«.

Lied der Schöpfung

Mit Nichts von Nichts hast du begonnen,
hast sprachlos du das Licht gesagt,
die Zeit bestimmt, das Land gewonnen,
die Meere in ihr Bett gebracht,

den Bann der Finsternis gebrochen –
es wurde Morgen, Tag für Tag,
die Welt, sie ward ins Licht gesprochen
und eine Menschheit wachgesagt.

Noch keine Ruhe, fern das Ende.
Der größte Teil ist noch zu gehn.
Kein Engel ward mit uns gesendet,
um Nacht und Nebel zu durchstehn.

Mit Licht vom Licht hast du geschrieben
dein Buch, das unsere Rettung ist,
dein Wort, uns immer treu geblieben,
das diesem Lied die Weise gibt.

Gerechtigkeit

Wir – wer ist wir? Katholiken, dreißig Jahre und älter, ökumenische Christen, »gemeinsam unterwegs«? Wir sind mit Gott erzogen worden, ob innerhalb oder außerhalb einer Kirche. Wer in den Niederlanden oder in Flandern aufgewachsen ist, der wurde, wie auch immer, mit dem Wort »Gott« erzogen. Für manche, längst nicht die meisten, ist dieses Wort der Name für Ihn geblieben oder geworden, das höchste Gut, die reinste Schönheit, die letzte Wahrheit in Person.

In dem »Buch« (das unsere Rettung ist?) wird lediglich von Einem gesprochen, der es wert ist, Gott genannt zu werden. Was ist für die biblische Glaubensgeschichte höchstes Gut und letzte Wahrheit? Dies: die Befreiung der Menschen von allem, was sie enteignet. Darum heißt sein Name: Befreier-Gott, Ich werde da-sein (in Menschen, als Befreiungskraft, Geist des Aufbruchs, Atem der Ausdauer).

Der Name wird erklärt, ausgelegt, verdeutlicht, dargestellt (geoffenbart) – in Geschichten über Menschen, die sich gegen Unrecht erheben und die einander aus dem Sklavenhaus und aus der Erniedrigung hinausführen. Solche Menschen »leben« den Namen.

Der Name Gottes bedeutet, daß die Erniedrigten aus dem Staub aufgerichtet werden. Das klingt wie eine Verheißung, es ist ein Auftrag: der politische Auftrag an Menschen heute, um heute erniedrigte Menschen aus ihrem Elend herauszuholen – anders gesagt: die Berufung, »Gerechtigkeit« zu tun; Gerechtigkeit, dieses großartige, starke biblische Wort. Wir dürfen nicht erschrecken, es bedeutet nicht mehr und nicht weniger als neue menschliche Verhältnisse schaffen. Wir dürfen uns nicht mit den normalen, flachen, entfremdenden, versklavenden, unterdrückenden Beziehungen unter Menschen zufriedengeben. In allem, was uns mit Menschen verbindet (in Freundschaften und Liebesbeziehungen, mit guten Nachbarn, entfernten Bekannten, lästigen Fremden, mit der sich drängenden Menge oder flüchtigen Passanten), sollen wir versuchen, etwas von einem Lebensstil sichtbar zu machen, der an »ein gutes weites Land« denken läßt. In allem, was wir tun, hinarbeiten auf eine »neue Erde, wo Gerechtigkeit wohnt«.

Gerechtigkeit ist die praktische, politische Gestalt dieser inneren Kraft und Haltung, die wir »Liebe« nennen. Liebe ist: den Namen leben, Gott tun.

Das Buch des Namens

Buch des Namens, Buch der Befreiung, Buch der Gerechtigkeit. »Ich war noch nicht geboren, da hattest du mich schon gesehen. Und alle meine Tage standen schon in deinem Buch« (vgl. Psalm 139). Dieses Buch, heilige Schrift – warum heilig? Weil darin die Größe, die Unantastbarkeit eines jeden Menschenlebens, die heiligen Rechte jedes Menschen eingeschrieben sind.

»Buch, das unsere Rettung ist«. Wie rettet das Buch unser Leben? Indem es uns die Selbstverständlichkeit, die unbezweifelbare Notwendigkeit der Gerechtigkeit vorhält, die vollkommene Berechtigung eines guten weiten Landes für alle. Indem es uns auf dem Weg dorthin, dem Weg der Liebe, Mut zuspricht. Und indem es uns warnt: Hüte dich, daß es nicht auch dir – wie so oft – geht, daß du dich ja nicht zu anderen Göttern verirrst!

Die schärfste Warnung wird Mose in seiner »Abschiedsrede« in den Mund gelegt. Sie steht im Buch Deuteronomium, Kapitel 28: »Wenn du nicht auf ihn allein hörst und seine Worte befolgst, dann werden alle diese Verfluchungen über dich kommen.« Dann folgt ein Schreckensbild dem anderen, und der Höhepunkt der Angstvision ist: daß wir, befreite Sklaven, auf Schiffen in das Finsternisland, nach Ägypten, zurückgebracht werden, daß wir auf dem Sklavenmarkt feilgeboten werden, und keiner kauft uns.

Die Welt, die eine »neue Erde« werden muß, die alte Erde also, dieses »Spinnennetz, in dem wir gefangen sind«, oder besser gesagt, diese »Maschinerie von Unterdrückung und Betrug« (denn das Wort »Spinnennetz« könnte noch den Eindruck von etwas Natürlichem erwecken, während das Wort »Maschinerie« unmißverständlich Menschenwerk besagt), diese »alte« Erde also wird in der Bibel »Sklavenhaus« oder »Ägypten« genannt. »Ägypten« ist hier der »neuen Erde« gegenübergestellt, so wie die Finsternis dem Licht, wie die »undurchdringliche, totenstille Finsternis« dem »weiten, einst verheißenen, noch nie gesehenen lichten Land«.

Für die aus der Knechtschaft befreiten Sklaven ist die Rückkehr nach Ägypten ein Rückfall in eine Art Nichtexistenz, ein Spuk, eine Vision des Schreckens. Auch dieser Spuk wird als Warnung im »Buch, das unsere Rettung ist« abschreckend beschrieben.

Wenn du deinem Gott nicht »gehorchst«, das bedeutet, wenn du auf den Namen nicht hörst, auf diese Vision der Befreiung, die in diesem Namen liegt, auf diesen Segen und Auftrag, dann wird Raserei, Blindheit, Wahnsinn, Pest, Hungersnot, Aussatz und Schwindsucht kommen statt »weitem Land«. Dann wird es erneut Ägypten geben.

»Das Böse bestraft sich selbst«, sagt der Volksmund. »Er wird euch schlagen mit ...«, sagt der Mahner im Buch Deuteronomium. Primitiv, vereinfachend fundamentalistisch »Er«. In der prophetischen Auslegung der Bücher Mose, etwa durch Jesaja, wird dieses massiv fundamentalistische Gottesbild korrigiert: nicht Er schlägt und straft uns – auch nicht »das Böse bestraft das Böse«, ein Wort, das an ein zwangsläufiges Naturgeschehen denken läßt – nein, wir, wir selbst schlagen uns mit Blindheit und machen einander verrückt; wir beuten einander aus, machen einander arm und vernichten die Erde. »Diese Taten der Menschen verdunkeln das Licht«, sagt Jesaja, »sie knüpfen Spinnennetze, sie brüten Natterneier aus«, sie, das heißt: wir Menschen.

Neue Armut

Das herrschende Wirtschaftssystem – auch »internationale Wirtschaftsordnung« genannt – wird nach dem Urteil der Fachleute zur Not in der Lage sein, den Lebensstandard für zwei Drittel der Bevölkerung Westeuropas und der Vereinigten Staaten aufrecht zu erhalten. Mindestens ein Drittel wird verarmen und vielleicht nicht gerade verhungern. In unseren Städten werden Ghettos von Analphabeten und Arbeitslosen entstehen. In China, Indien, Afrika und Lateinamerika werden Millionen unter dem Existenzminimum leben, also nicht leben.

Die internationale Wirtschaftsordnung läßt sich mit dem, was in der Bibel »Ägypten« genannt wird, vergleichen. Sie beseitigt nicht die Armut, sondern produziert Armut und Unterdrückung. Die Vertreter und Mitläufer, die Architekten und Verwalter dieses Systems huldigen einer Moral, die Unterdrückung der Schwachen durch die Starken (mit dem dazugehörigen Mord und Totschlag) rechtfertigt. Die Moral des ägyptischen Gesellschaftsmodells, das altbekannte »Sklavenhaus-Modell«. Es wird »neo-realistisch« genannt.

»Neo-realistisch« heißt: Rehabilitation der freien Marktmechanismen. Bis in die achtziger Jahre versuchte man international diesen Marktprozeß zu korrigieren: den sogenannten »sozialen Sektor« zu verstärken und die Zunahme wirtschaftlicher Macht zu zügeln. Jetzt ist das vorbei. Korrekturen des »freien« Marktmechanismus, sogenannte »Umverteilungsmaßnahmen« werden nicht mehr als selbstverständlich verstanden. Überall ist zu sehen, daß dieser »Gang der Dinge« bewußt angestrebt, geplant wird; ein bewußtes Bestreben, Einkommensunterschiede zu erreichen und zu vergrößern. Eine »neue internationale Wirtschaftsordnung« nach altem Modell; und ein dazugehörendes Normen- und Wertesystem, das auf das Recht des Stärksten hinausläuft.

Das Schreckensbild des Mose, der Rückfall ins System der Sklaverei, ist bittere, massive, nackte Realität; nicht früher, sondern jetzt; nicht irgendwo, sondern weltweit.

Lied gegen die neue Armut

Es schreit ein Mensch, Unrecht,
der Schrei von der Hungersnot.
An höhrem Ort wurde beschlossen:
Ein Teil der Menschheit braucht kein Brot.
Damit, wer reich ist, reich kann weiterleben –
wer hat, ihm wird gegeben, Unrecht,
dem Rest bleibt der Tod.

Lauffeuergleich, Unrecht,
so sengt es die Städte schwarz.
Du aber wohnst in kühlen Gärten,
mit blinden Mauern um dein Herz.
Du lehrst die Starken, daß sie Schwache hetzen,
und niemals nein zu sagen, Unrecht,
zu deinem Gesetz.

Die Stunde ist dein, Unrecht,
kein Gott ein noch reicherer Hort.
Du hast schon fast die ganze Welt,
allein noch nicht das letzte Wort.
Das steht mit Licht geschrieben in den Herzen
der Menschen, nicht der Bestien, Unrecht,
und das pflanzt sich fort.

Mit Licht geschrieben

Die Heilige Schrift verteidigt den Gedanken: daß es auf dieser Erde Essen und Trinken, eine Wohnung und Sicherheit für jeden geben kann; es muß möglich sein. »Das muß möglich sein« ist das letzte Wort, die einleuchtende Schlußfolgerung all dieser grimmig-fundamentalistischen oder mehr aufgeklärt-philosophischen, doch immer prophetischen Schriften, die in diesem Buch gesammelt sind. Mit diesem Wort, dieser Vision ist es unsere Rettung.

Gibt es Menschen, in deren Geist dieses letzte Wort wie mit Licht eingeschrieben ist? Ja, sagt das Buch, die gibt es. Öffne die Augen, oder beginn bei dir selbst. Ja, sagen deine Augen, gebildet, gerichtet und erleuchtet durch die Worte dieses Buches. Ja, du weißt in deinem Herzen oder vielleicht sogar aus Erfahrung, diese Menschen gibt es. Versuche sie zu finden, damit du nicht mehr allein bist, rät dir die biblische Glaubensgeschichte; suche Verbindung zu ihnen, lerne von ihnen – es nennt einige mit Namen, der und der, die und die. Jesus von Nazaret war einer von ihnen.

Du bist von Natur aus fröhlich oder schwermütig. Du hast etwas mehr oder etwas weniger Talent für Lebensfreude und Lebensgenuß, so wie man eine hohe oder niedrige Schmerzschwelle haben kann; du bist ein bißchen ängstlich oder gerade das Gegenteil davon; rastlos oder behäbig. Und so, wie du bist, kommt das, was in der Welt vor sich geht, auf dich zu; das, was passiert. Das ist lästig, du willst vielleicht lieber nicht davon betroffen sein? Wie mußt du damit umgehen?

Wenn es recht zugeht, dann sind Kirchen die bestgeeigneten Orte, an denen Menschen lernen, mit dem, was in der Welt geschieht, umzugehen. Nicht in Ergebung, sondern in Hoffnung. Nicht als Vogel Strauß, Kopf im Sand, sondern als Nachfolger Gottes, von dem geschrieben steht, daß er die Unterdrückung seiner Menschen gesehen hat, daß er ihr Schreien gehört hat und daß er herabgestiegen ist, um sie aus der Macht des Pharao-Regimes, aus dem Fluch des »ägyptischen Modells« zu befreien.

In einer »kirchlichen Gemeinde« können wir miteinander lernen, uns den Tatsachen zu stellen und dennoch die Hoffnung nicht zu verlieren. Miteinander sehen und hören üben; lernen, zu unterscheiden zwischen schlecht und gut, gut und noch besser, schlecht und noch schlimmer; lernen zu entscheiden und lernen auszuhalten. Lernen zu fragen: Warum ist diese Welt so? Ist eine andere denkbar, vielleicht sogar machbar? Man kann miteinander das Fragen verlernen und sich das Leben so vorleben, daß auf Dauer kaum noch jemand auf die Idee kommt, eine andere als die heute bestehende (internationale wirtschaftliche) Ordnung für existenzfähig zu halten.

Eine Gemeinde um die Tora, eine Sammlung und Schulung von Gerufenen, für die der »Knecht« Jesus zum Zeugen und Interpreten dieser »Lebenslehre« geworden ist – und darum werden sie zusammenkommen und beisammenbleiben in seinem Namen und zu seinem Gedächtnis –, eine solche Ekklesia wird von Menschen getragen, die für eine Umkehr der bestehenden Verhältnisse beten und singen und darauf hinarbeiten.

Nicht anders können

»Es gibt Menschen, die singen, nicht weil sie es wollen, sondern weil sich in ihnen eine Stimme erhebt. So gibt es auch Menschen, die glauben, nicht weil sie Angst haben, nicht weil sie auf Belohnung hoffen, sondern weil sie kraft ihres Wesens nicht anders können«, schreibt der jüdische Schriftsteller Abel Herzberg (in einem seiner »Briefe an meinen Enkel«). Mein »Wesen«? Ein Wort von früher, ein abendländisches Wort. Das Tiefste in mir – etwas oder jemand in mir, der war und ist und sein wird?

Es ist mein Wesen, daß ich nicht allein da bin, nicht allein da sein kann und das nicht einmal wollen kann; daß ich einer von vielen bin, einer von allen, einer mit allen. Dieses Bewußtsein von Verbundenheit, dieses »Gewissen«, ist der Sinn meines Lebens – wieder so ein Wort von früher, aber noch brauchbar. Daß es Sprache und Erkennen gibt, Zusammenhang, Vergangenheit und Zukunft, das ist der Sinn des Lebens; und daß kein gutes Wort, kein Hauch von Sympathie verlorengeht; daß alle Freundschaft, je geschenkt, je empfangen, zum Guten wirkt, so wie ein einziger Tropfen Wein das Wasser der Weltmeere einfärbt.

Ist das Erfahrung oder Illusion? Reden wir uns das ein, oder ist es wahr? Im Lied und Gebet, im Gottesdienst Woche um Woche feiern wir diese Erfahrung und flehen um sie: Was wir als wahr erfahren, möge es wahr sein.

Eine Gemeinschaft von Gläubigen wird von Menschen getragen, die »kraft ihres Wesens« nicht anders können, als an den Sinn des Lebens zu glauben. Die Heilige Schrift ist ihre Glaubensgeschichte. Darin wird der Sinn des Lebens besungen und Liebe benannt.

Besungen: über das Totschweigen erhoben, über die Sprache der »Philosophen und Gelehrten« (wie Pascal sagte) und über die Orakelsprache. Nicht als ein Mysterium besungen, um es zu meditieren, sondern als ein Weg, um ihn zu gehen, ein Wort, um es zu tun.

Das menschliche Leben – besungen als eine Möglichkeit zur Liebe; Liebe – der einzige, der absolute Sinn deines Lebens: Das mußt du hören. Höre, Israel; höre, Menschheit; höre, du!

Sie ist in Israel geboren, diese Geschichte. Daß sie irgendwo und irgendwann, in einer bestimmten Gegend der Welt, zu einem bestimmten Zeitpunkt geboren wurde, daß sie nicht »überall in der Welt« und »zu allen Zeiten« entstanden ist, auch wenn sie für jeden und für alle Zukunft bestimmt ist, das erregt Ärgernis. Daß sie eine jüdische Geschichte ist (so wie Er allein »der Gott Abrahams, Isaaks und Jakobs ist, nicht der Philosophen und Gelehrten«), das erregt auch nach Auschwitz noch Ärgernis.

Sie wurde gehört und erkannt durch Menschen aus allen Völkern. Sie hat uns erreicht. Alles, was wir in unseren Kirchen sagen und singen, von Woche zu Woche, ein Jahr von ewigen Tagen lang, das ist dieser Geschichte entnommen.

Von Advent zu Advent

Glück mit dem, der nicht geht
nach dem Rat der Böswilligen,
nicht auf dem Weg der Verfehlten steht,
nicht in Gesellschaft der Zynischen sitzt,
sondern dessen Wonne Seine Tora,
der auf Seine Tora sinnt bei Tag und Nacht.
Er ist wie ein Baum,
gepflanzt zwischen Wasserströmen,
der Frucht trägt zu seiner Zeit
und Blatt, das nicht verdorrt.

Aus Psalm 1

Die ersten Sonntage

Biete deine Macht auf und komm

Die Erwartung des Königreiches Gottes, einer Gesellschaft voll von Gerechtigkeit und Frieden, ohne Grenzen und ohne Ende, und wie dieses Königreich naht, wie es in der Bewegung um Johannes den Täufer und im »Auftreten« und in der Predigt Jesu zum Durchbruch kommt, wie es von der Geburt Jesu an zu »geschehen« beginnt und in ihm, dem Erstgeborenen, Gestalt annimmt, »Licht, das den Völkern leuchtet«, und daß sich in ihm erfüllt, was der Gott Israels durch den Mund seiner Propheten vorhergesagt hatte, »Er werde uns befreien« – diese Geschichte wird seit jeher in der Liturgie der Advents- und der Weihnachtszeit gefeiert.

Die liturgischen Texte aus Psalmversen, Prophetenworten, Abschnitten aus Apostelbriefen und Evangelienperikopen vergegenwärtigen dieses Thema, die Messiasgeschichte, »bis in unsere Tage«. Der Advent ist die Synthese des sogenannten »Alten Testaments«, die Weihnachtszeit feiert das Kommen des Neuen.

Wir dürfen die »messianischen Schriften« (das kleine Buch des »Neuen Testaments«) nicht als Gegensatz zu den Büchern des Mose und der Propheten (zum großen Buch des »Alten Testaments«) verstehen, als eine darüber hinausführende Stufe, wie es die Worte »alt« und »neu« nahelegen könnten. Wir lesen sie als eine naheliegende, für viele bis auf den heutigen Tag die nächstliegende, die tröstlichste Auslegung (»Übersetzung«) des großen Buches.

Unmögliche Geburt

Aus der Überschattung durch den Heiligen Geist wird der Messias empfangen und geboren – sagt das Lukasevangelium, das die Geburt Jesu von Nazaret als die unmöglichste Geburt in der Geschichte Israels inszeniert. Isaak wurde aus dem unfruchtbaren Schoß einer alten Frau geboren. Gegen jedes menschliche Vorstellungsvermögen, aus der Kraft der Hoffnung und der Ausdauer, wurde Samuel aus zwei alten Menschen geboren. Diese Geschichte wählt Lukas als Modell für seine Geschichte von der Geburt Johannes' des Täufers, der wie ein Prophet, ein neuer Elija, in der Wüste den Weg für den Messias bereiten wird.

Die Erweckung und Geburt des Messias selbst aber wird als eine vollkommen unmögliche und unvorstellbare Geschichte erzählt, ganz anders als bei Isaak, Samuel und Johannes dem Täufer. Das Unmögliche wird radikalisiert. Da ist nicht nur ein unfruchtbarer Mutterschoß, es gibt auch keinen Mann; so wird deutlich gemacht, daß »bei Gott nichts unmöglich ist«. Der Messias wird aus der Kraft des Befreiers und Schöpfers geboren, der in Israel als einziger »Gott« genannt wird: »Der Heilige Geist wird über dich kommen, und die Kraft des Höchsten wird dich überschatten«, so lautet die Botschaft des Engels Gabriels an Maria.

Am Fuß des Berges Sinai stand Israel für uns alle. So wie Adam für die ganze Menschheit stand, als er gerufen wurde: »Adam, wo bist du«. So wie Kain für jeden Menschen stand, als er gerufen wurde: »Kain, wo ist dein Bruder«. So wie Jesus für die ganze Menschheit hing, als er rief: »Warum hast du mich verlassen«.

Nach einer gängigen Schriftauslegung »steht« Maria für das unterdrückte Israel, diesen »verschlossenen Schoß«, der kein neues Leben mehr hervorbringt; die erniedrigte Frau, wie eine Witwe rechtlos und auf Gnade angewiesen.

Es ist nicht schwer zu verstehen, für wen sie steht, wenn wir (im Geiste der Lukaserzählung und der gesamten Bibel) die Geschichte von damals als ein Gleichnis für heute lesen wollen. Sie steht für all die unbekannten, voneinander nichts wissenden einzelnen, die ohne Macht und Ansehen sind, ohne Einfluß auf die Geschichte; deren Stimme nicht zählt, deren Menschenkenntnis, deren Lebenserfahrung keine neuen Einsichten zustande bringt und deren Leid, deren Lebensopfer kein Übel aufhält, keine Schuld wegnimmt, kurz, am Lauf der Dinge nichts ändert. Menschen, die außer der Reinheit ihres Herzens nichts zustande bringen: Sie werden bereit sein, für eine neue Welt durch den Abgrund zu gehen; sie gehen bereits durch Abgründe von Nichtverstehen und Verzweiflung über den Sinn ihres Lebens. Aber niemand sagt ihnen, wie und wann jemals eine neue Welt erscheinen wird. Namenlos sind sie dieser alten Welt ausgeliefert, eine Menge, die niemand zählen kann.

In Maria sind sie genannt und gezeichnet. An einer aus der Menge wird das dunkle Geheimnis der Vielen erhellt: In einer Schilderung vom Beginn unserer Zeitrechnung sehen wir, was auch in unseren Tagen die Innenseite der Geschichte ist, ihr verborgenes Gesicht. Aus den zahllosen vereinsamten unbekannten einzelnen wird die Rettung dieser Welt »geboren« werden.

Zerreiß die Wolken und komm

Zu dir führt meine Sehnsucht.
Ich bin mir deiner sicher.
Würdest du mich je beschämen?

Sende dein Licht, deine Treue.
Auf deinem Weg laß mich gehen.
Es gebe dein Name mir Kraft.

Wende den Lauf des Schicksals.
Wende mich um, auf dich hin.
Mir geschehe dein Wort.

Zerreiß die Wolken und komm.

Die Botschaft des Engels

Es geschah, daß auf göttliches Geheiß der Engel Gabriel
in eine Stadt Galiläas gesandt wurde, Nazaret,
zu einem Mädchen, das Jungfrau war,
verlobt mit einem Mann aus dem Hause Davids,
der Josef hieß, und das Mädchen hieß Maria.
Er trat bei ihr ein und sagte:
Freu dich, du bist voller Gnade, der Herr ist mir dir.
Erschrocken über dieses Wort, fragte sie sich,
warum sie so strahlend begrüßt wurde.
Der Engel sagte zu ihr: Fürchte dich nicht, Maria,
du hast Gnade gefunden bei Gott. Und siehe, du wirst
in deinem Schoß empfangen und einen Sohn gebären,
und seinen Namen sollst du Jesus nennen, Gott befreit.
Dieser wird groß sein und »Sohn des Höchsten« genannt.
Und Gott, der Herr, wird ihm
den Thron Davids, seines Vaters, geben,
und König wird er sein über das Haus Jakob,
und für seine Königsherrschaft
wird es weder Grenzen noch Ende geben.
Maria sagte zum Engel: Wie soll das geschehen,
da ich mit keinem Mann Verkehr habe?
Der Engel antwortete und sagte:
Heiliger Geist wird über dich kommen,
Kraft des Höchsten wird dich überschatten.
Darum wird auch das von dir Geborene heilig sein
und »Sohn Gottes« genannt werden.
Und siehe, Elisabeth, deine Verwandte,
hat auch einen Sohn empfangen, in ihrem Alter,
und dies ist schon der sechste Monat für sie,
die als unfruchtbar galt.
Denn bei Gott ist nichts unmöglich, kein Wort.
Maria sprach: Siehe, hier bin ich,
bereit zu seinem Dienst.
Mir geschehe nach deinem Wort.
Und der Engel ging weg von ihr.

Lukasevangelium 1,26–38

Lied Marias

Meine Seele macht groß den Herrn.
Mein Geist jauchzt zu Gott, meinem Befreier,
denn er hat mich gesehen
in meinem Sklavenhaus, in meiner Erniedrigung.

Und von jetzt an
preisen mich alle Geschlechter glücklich.
Denn Wunder, ehrfurchtgebietend, tat an mir der Mächtige,
unwiderstehlich. Gesegnet sein Name.

Und sein Erbarmen, von Geschlecht zu Geschlecht,
kommt über alle, die ihn bekennen.
Er sammelt seine Kraft, hebt hoch seinen Arm,
zerbricht die Pläne der Hochmütigen,
stürzt die Tyrannen von ihren Thronen,
hebt die Erniedrigten hoch.

Hungernde wird er sättigen,
Reiche, die schickt er leer davon.
Er hält aufrecht Israel, sein Kind.
Er denkt an sein Erbarmen,
daß er unseren Vorfahren zugesagt hat,
Abraham und Sara und ihren Kindern
bis auf den heutigen Tag.

Lukasevangelium 1,46–55

Neuer Anfang

Was Er, der Befreier-Gott, durch seine Propheten vorhergesagt hatte – er werde Israel aus der Hand seiner Feinde befreien –, das war in frommen Mündern zu einer Redensart erstarrt. Zacharias tat seinen Priesterdienst so treu wie möglich. Aber er wird keine anderen Erwartungen gehabt haben als: morgen wieder ein Tag unter der Fuchtel der Feinde, der Römer.

»Es geschah in den Tagen des Herodes, des Königs von Judäa.«

Es kam sein Tag, der Tag, an dem er den Tempel des Herrn betreten durfte, um das Rauchopfer darzubringen. (»Die ganze Menge des Volkes stand draußen und betete zur Stunde des Rauchopfers.«) Da, plötzlich, erschien ihm ein Engel Adonais. Und er erstarrte. Furcht befiel ihn. Der Engel sprach zu ihm: Fürchte dich nicht. Er aber fürchtete sich. Panik, Verwirrung, alles durcheinander, Alter und Jugend, Ende und Anfang: Ein Sohn? Ein neuer Elija? Er sagte: Wie das? Ich bin alt, meine Frau ist alt; Israel ist alt, unfähig zu einer neuen Geburt (einem neuen Auszug).

Der Engel schlug ihn mit Stummheit, stieß ihn in die Nacht, schloß ihn ein in den dunklen Raum seiner Angstträume. »Siehe, stumm wirst du sein und nicht sprechen können, weil du kein Vertrauen gehabt hast.«

In diesem schwarzen Ofen schmiedete er die Worte seines Liedes.

Als für Elisabeth, seine Frau, die Zeit erfüllt war, daß sie gebären sollte, gebar sie einen Sohn. Man fragte Zacharias mit Zeichen, welchen Namen das Kind haben sollte. Er verlangte ein Schreibtäfelchen und schrieb: Johannes ist sein Name. Sogleich ward seine Zunge gelöst; vom Heiligen Geist erfüllt, sprach er wie ein Prophet diese Worte:

Lied des Zacharias

Gesegnet er, der Gott Israels,
der suchte und sah und freikaufte sein Volk:
Befreiung, wie ein Füllhorn,
errichtet in unserer Mitte,
in dem Hause Davids, seines Knechtes.

So hatte er es vorhergesagt, vor Jahrhunderten,
durch den Mund seiner heiligen Propheten:
daß er uns aus Feindeshand befreien würde,
aus aller Macht derer, die uns hassen –

daß er sich erbarmen würde über unsere Vorfahren,
und daß er gedenkt seines Bundes, seines Treueides,
den er unserem Vater Abraham gegeben –

daß wir, frei und furchtlos,
leben würden vor seinem Angesicht,
in Heiligkeit und Recht, alle unsere Tage.

Ein Schoß des Erbarmens ist unser Gott.
Er hat uns gesucht und gesehen
wie die aufgehende Sonne am Himmel.

Er ist uns erschienen,
als wir in Finsternis waren,
im Schatten von Tod.
Er wird unsere Füße lenken
auf die Wege des Friedens.

Lukasevangelium 1, 68–79

Weihnachten

25. Dezember

Weihnachtslied

Heute nacht werden wir wissen,
daß er es ist, er selbst.
Und morgen werden wir sehen
die Feuerglut seiner Erscheinung.

Erschein uns, wir wollen dich sehen.
Daß Frieden sein kann, Recht es schafft,
daß du Gott bist, wollen wir sehen.

Sieh deine zahllosen Menschen,
wie sie vernichtet werden,
bevor sie wirklich gelebt.

Sei unser Gott – wer sonst?
Niemand hat uns ein Land versprochen
voll Recht und Frieden – doch du.

Versprich uns nicht, was nicht geht.
Wenn es nicht geht, sag es jetzt.
Laß uns nicht sehn, was nicht ist.

Diese Nacht laß uns wissen,
daß du es bist, du selbst.
Und morgen laß uns sehen
die Feuerglut deiner Erscheinung.

Die Geburt Jesu

Es geschah in jenen Tagen,
da erging ein Befehl vom Kaiser Augustus,
daß in der ganzen bewohnten Welt
eine Volkszählung gehalten würde.
Diese erste Volkszählung fand statt,
als Quirinus Statthalter von Syrien war.
Alle gingen hin, sich einschreiben zu lassen,
jeder in seine Stadt.
Auch Josef ging.
Und weil er aus dem Haus und Geschlecht Davids war,
zog er von Nazaret in Galiläa nach Judäa,
nach Betlehem, der Stadt Davids,
um sich dort einschreiben zu lassen,
zusammen mit Maria, seiner Frau, die schwanger war.
Und es geschah, während sie dort waren,
da erfüllten sich die Tage, daß sie gebären sollte.
Sie brachte ihren Sohn zur Welt, ihren Erstgeborenen,
wickelte ihn in Windeln und legte ihn in eine Krippe,
weil für sie kein Platz in der Herberge war.
Es waren Hirten dort in der Nähe.
In der Nacht hielten sie Wache
auf freiem Feld über ihre Herde.

Plötzlich stand vor ihnen ein Engel des Herrn,
und der Lichtglanz des Herrn umstrahlte sie.
Sie fürchteten sich sehr.
Der Engel sprach zu ihnen: »Fürchtet euch nicht,
denn siehe, gute Nachricht und große Freude
bringe ich euch, die für das ganze Volk sein wird.
Denn heute ist in der Stadt Davids
euer Befreier geboren, der Messias, der Herr.
Und dies wird euch zum Zeichen sein:
Ihr werdet ein Kind finden,
das in Windeln gewickelt ist
und in einer Krippe liegt.«

Plötzlich war der Engel von einer Schar
der himmlischen Mächte umringt.
Sie lobten Gott mit den Worten:
»Ehre sei Gott in der Höhe,
und Friede auf Erden
den Menschen göttlichen Wohlgefallens.«
Und es geschah, als die Engel
von ihnen in den Himmel gegangen waren,
da sagten die Hirten zueinander:
»Laßt uns nach Betlehem gehen
und das Wort sehen, das geschehen ist
und das der Herr uns bekannt gemacht hat.«
Und sie eilten und gingen hin
und fanden Maria und Josef
und das Kind, das in der Krippe lag.

Als sie es sahen, machten sie das Wort bekannt,
das ihnen über dieses Kind gesagt worden war.
Und alle, die es hörten, wunderten sich über das,
was die Hirten ihnen erzählten.
Maria bewahrte alle diese Worte in ihrem Herzen.
Die Hirten kehrten zurück und verherrlichten Gott
und lobten ihn für alles,
was sie gehört und gesehen hatten,
so wie es ihnen gesagt worden war.
Und als acht Tage erfüllt waren
und er beschnitten werden sollte,
da wurde sein Name »Jesus – Gott befreit« genannt,
so wie er von dem Engel genannt worden war,
bevor er im Schoß seiner Mutter empfangen wurde.

Lukasevangelium 2,1–21

Das Königreich des Rechtes und des Friedens

Eine Weihnachtsmeditation

1.

Die schönste Geschichte. Wegen des herabsteigenden und wieder zum Himmel heraufsteigenden Singens, wegen des plötzlichen Lichts, wegen des völlig Unerhörten, aber unmittelbar Glaubwürdigen der Botschaft: Geburt, neuer Anfang, für das ganze Volk, für jeden, für die ganze Erde Frieden. Wegen des plötzlichen Umschlags von Nichts zu großer Freude, von »Tod in der Blüte deines Lebens« zu »Wüste, freue dich«, »Fels, du wirst ein Garten«.

Zwanzig Jahrhunderte lang hat diese Geschichte Gedanken an Liebe wachgerufen. Liebe ist die Stimmung und Absicht dieser Geschichte. Wenn man bibelfest und schriftgelehrt ist, hört man in diesem Text den jüdischen prophetischen Kontext: »Für dich ist die Nacht licht wie der Tag, die Finsternis strahlend wie das Licht«, ruft ein Psalmdichter. »Siehe, das Mädchen wird schwanger werden und einen Sohn zur Welt bringen«, ruft Jesaja und noch viel mehr. Aber auch wer nicht schriftgelehrt ist und selbst wer mit keinerlei Sorte von Christentum erzogen ist, kann die Absicht dieser Geschichte verstehen.

2.

Die Botschaft des Engels an Maria. Eine beliebte Szene. Unzählige Male gemalt: »Du wirst einen Sohn gebären ... und seines Reiches wird kein Ende sein.« Und neun Monate später: »Heute ist euch in der Stadt Davids der Retter geboren, er ist der Messias, der Herr.« »Ein Königreich des Rechtes und des Friedens über alle Grenzen hinweg«: Eine andere menschliche Gesellschaft, mindestens das sollen diese Worte doch bedeuten. Nie darf diese Vision in Verkündigung und Liturgie verstummen.

3.

Nie haben wir am Abend vor Weihnachten und Sonntag für Sonntag, all diese Jahre in der Amsterdamer Studentenekklesia, über etwas anderes gesprochen als über dieses Königreich. Als wir sagten »Gerechtigkeit«, neue wirtschaftliche Ordnung, neue soziale Verhältnisse – als wir orakelten, daß einmal alle trennenden Mauern zwischen Völkern, Rassen, Geschlechtern, Generationen und alle Mauern im Menschen gefallen sein werden – als wir auf sozialistisch von »klassenloser Gesellschaft« sprachen oder auf biblisch von »gutem weitem Land, von neuer Erde« sprachen, davon, daß »Mächtige von Thronen gestürzt und Hungernde satt geworden«, und mit überschwenglicher Stimme: »Die Steppe wird blühen, der Tote wird leben« – als wir in der Sprache des Engels sagten: »Nichts ist bei Gott unmöglich, kein Wort«, dann meinten wir dieses Königreich. Es würde alles umfassen; es würde für unsere Kinder sein; es würde unser Leben verändern, und allein schon die Sehnsucht danach hat unser Leben verändert – oder nicht?

4.

Aber auch Hirngespinste können unser Leben verändern. Haben wir all diese Jahre vielleicht doch über ein Hirngespinst gesprochen? Und mit der Hartnäckigkeit von meist außerkirchlichen Gläubigen, die noch etwas von ihrer Tradition retten wollen, sprechen wir heute abend wieder über ein Hirngespinst; es singt sich so schön. Wir wollen, daß es so ist; wir hoffen, daß es so wird; wir meinen, daß es nicht geht; wir singen, daß es sein wird. Ist dieses »Königreich« nur eine gesungene Geschichte, oder gibt es Zeichen, daß es auch »wirklich« (so wie Menschen wirklich sind) sich ereignen kann – oder besser: daß es geschieht? Das ist mehr, so wie »Geschichte« mehr ist als »Ereignis«. Ein Ereignis passiert, hier und jetzt; Geschichte ist ein Weg, der Fortgang dieses »hier und jetzt« in Raum und Zeit, in Menschen und ihren

Kindern. Gibt es also Zeichen dafür, daß das Königreich im Geschehen ist; gibt es lebendige Zeugen, die zeigen, daß es möglich ist, daß es wirklich geht? »Versprich uns nicht, was nicht geht«, wurde gesungen, und: »Laß uns nicht sehen, was nicht ist. Wenn es nicht geht, sag es jetzt.«

5.

Jetzt. Heute nacht. Wenn nicht jetzt, wann sonst? Würde ich jetzt sagen: »Es ist unmöglich, es gibt keine Zeichen, keine lebendigen Zeugen, die zeigen, daß es geht«, dann würde niemand hier mir glauben. »Doch, ich meine es wirklich«, würde ich dann rufen, »früher dachte ich das, letztes Jahr noch, aber jetzt nicht mehr.« Ich würde wohl ausreden dürfen, so höflich seid Ihr, aber niemand würde mir glauben.

»Es gibt sie«, sage ich, Zeichen und lebendige Zeugen. Und ich füge noch hinzu: »Du mußt mir nicht glauben, aber du sollst deine Augen gut gebrauchen, gut einstellen, neu ausrichten; und mit diesen Augen spähen, suchen, so wie man den Himmel nach Sternen absucht. Du kannst es lernen, so scharf und ohne Schuppen zu schauen; so wie du auch lernen kannst, durch ein Fernrohr und ein Mikroskop zu schauen. Und wenn du dann einen einzigen lebendigen Zeugen siehst, darfst du deinen Augen glauben. Und vielleicht siehst du wohl mehr als einen, zwei oder drei, die – ja, was eigentlich? Die die Liebe durchhalten.«

6.

Unter Liebe verstehe ich: die tausend Nuancen von Mut und Geduld, Freundlichkeit und Freundschaft, Takt und Spontaneität, Höflichkeit und Leidenschaft, mit der wirkliche Menschen einander begegnen. Und ich verstehe unter Liebe: die Denkkraft und Intuition, Weisheit und Wissenschaft, allen Einsatz, alle Phantasie, allen Optimismus, womit die Erde aufgebaut wird, gegen den Abbruch.

Also alles, was zum Guten führt, alles, was zu etwas mehr

Recht und Frieden für etwas mehr Menschen führt – das nennst du Liebe? Ja, das nenne ich Liebe.

Diese Liebe ist ebenso wenig vorstellbar und abbildbar wie Gott selbst und wie die Elemente des Atoms. Und ebenso wenig fühlbar wie alles Leiden zusammengenommen, das in diesem Augenblick in der Welt gelitten wird. Und doch nicht weniger wirklich. Wenn du all diese tausend Nuancen und alle erdenklichen Taten guten Willens zusammenzählen und wenn du diese Zahl in die siebte Potenz erheben würdest, dann hättest du das »Königreich des Rechtes und des Friedens über alle Grenzen hinweg« – in diesem Bild ist die Vielfalt und Kompliziertheit von all dem, was zum Guten wirkt, vereinfacht und singbar gemacht. Ich bleibe dabei, daß dieses Königreich dort kommt, wo Liebe durchgehalten wird.

7.

An Orten wie hier, in Stunden wie jetzt versuchen wir, in Worten auszudrücken, was wir zusammen gesehen haben, aber auch, was wir noch nicht gesehen haben. In dieser »schönsten Geschichte« klingt die Erfahrung der durchgehaltenen Liebe, aber auch eine Hoffnung, die noch durch keine Erfahrung gedeckt wird. Es gibt in jedem Menschen und in allem ein »Noch nicht«. Wir sind geboren, und wir sind noch nicht geboren. Es gibt einen Messias, der noch nicht gekommen ist; es gibt Worte, Medizinen, Heilungen, die noch nicht gefunden sind; es gibt eine Berührung, die unser Leben noch verwandeln könnte in ein neues Leben.

Vor uns liegt noch ein wüster, leerer Raum, der noch nicht erleuchtet ist durch die Feuerglut seiner Erscheinung, oder mit anderen Worten: der noch nicht bewohnbar gemacht ist mit durchgehaltener Liebe. Wird es möglich sein, in jenem völlig unberechenbaren Raum, den wir »Zukunft« nennen, diese Erde bewohnbar zu machen für jeden, der nach uns geboren wird? Wenn wir schon zur Liebe imstande sind, werden wir sie durchhalten? Erscheine uns, Engel, sage uns jetzt, daß bei Gott nichts unmöglich ist, kein Wort.

Ein neues Weihnachtslied

Ruhig, doch nicht zu langsam Mittelalterliche Melodie

Ein Mensch kommt aus der Mutter.
Die Sonne steigt.
Ein Mensch erschlägt den Bruder.
Die Erde schweigt.

Die Tausende in Zügen,
dem Tod bestimmt.
Die Sonne schien wie immer.
Die Erde blieb.

Ich habe es den Abend,
die Nacht gefragt.
Frag es die Morgenröte,
ward mir gesagt.

Warum ist doch die Welt so,
warum der Tod,
fragt ich den Tag, der wegfloh
ins Abendrot.

Die Nacht war voller Sterne,
sie schwiegen tief
und lächelten von ferne,
wie ich auch rief.

Doch einer kam vom Himmel,
der Morgenstern,
hat sich zu mir gebogen
und blieb nicht fern.

Ach, möchten alle finden
einen wie ihn,
die Angst würde verschwinden,
der Ungeist fliehn.

Wir würden hier im Erdkreis
im Frieden sein,
und alle Pracht der Sterne
würde mit uns sein.

Jahresende – Jahresanfang

31. Dezember – 1. Januar

Hör, was getan wird

Wir flüchten uns, wir hören nicht,
rudern ins Blaue, den Tod in Sicht.
Die Zeit ist kurz, die Trauben gut,
so pflückt den Tag, nach uns die Flut.

Sprache der Hoffnung gibt es nicht,
die schwarze Wolke über uns bricht,
der Regen strömt, das Wasser steigt,
die Flut des Wehs hat uns erreicht.

Wir werden bald das Ende sehn
und, nichts verstehend, zugrunde gehn,
mit aller Macht, Feuer und Schwert –
sind nicht der neuen Erde wert.

Was wählst du, Leben oder Tod?
O Gott, entfessle in unserm Schoß
ein Kind, das übt Gerechtigkeit,
ein neuer Mensch, die neue Zeit.

Epiphanie

6. Januar

Licht für die Welt

1.

Großes, aufglühendes Licht, weitstrahlendes Licht. So, wie die Sonne aufgeht und auf dem Balkon des Himmels erscheint. Epiphanie.

Eine große Dame erscheint auf der Bühne, »was für eine Erscheinung«. Ein großer Herr, ein Kaiser, zeigt sich in seiner ganzen Macht und Majestät, nimmt sein Volk in Augenschein, die jubelnde oder die gelassen schweigende Menge, die ihren soundsovielten Herrn und Meister sieht. So blickte der syrisch-hellenistische Welteroberer Antiochus Epiphanes vom Tempelberg auf Jerusalem, fest entschlossen, der Religion und Kultur des Judentums ein Ende zu machen.

Vor ihm und nach ihm waren viele Herrscher der Völker ebenso fest dazu entschlossen. Israels Auszugs- und Wüstengeschichte hat die wundersame Erzählung von Bileam und seinem sprechenden Esel bewahrt: Als Balak, der König der Moabiter, sieht, daß sich Israel den Grenzen seines Landes nähert, da bestellt er den Seher Bileam, auf daß er das Volk verfluche. Bileam versucht es, aber die Fluchworte kommen ihm nicht über die Lippen, denn der Geist des Gottes Israels legt ihm Segensworte in den Mund:

»Spruch des Bileam, des Sohnes Beors,
Spruch des Mannes, dessen Auge geschlossen;
Spruch dessen, der Worte Gottes hört,

der um das Wissen des Gewaltigen weiß,
der die Schau des Allmächtigen erschaut;
der niederfiel und dem sich die Augen öffneten:
Wie schön sind, Jakob, deine Zelte;
wie prächtig deine Wohnungen, Israel!
Wie Wasserbäche, die dahinziehen,
wie Gärten am Strom,
wie Aloebäume, von ihm gepflanzt,
wie Zedern am Wasser.
Ich sehe ihn, doch nicht im Jetzt;
ich schaue ihn, doch nicht in der Nähe:
ein Stern steigt aus Jakob empor,
ein Königszepter erhebt sich aus Israel.«

Numeri 24,3–6.17

2.

Ein König ist in Israel, so sagt die prophetische Vision, ein Tora-König: Beschützer und Garant der Tora, der Lebenslehre, die Mose von Gott erhalten hat. Der König hat keine andere »Funktion« als die, die konkrete politische Ordnung am Wort von der Gerechtigkeit zu überprüfen und sie damit in Einklang zu bringen.

Der Stern, der aus Jakob aufgeht, ist das Gerechtigkeitswort, das das Antlitz der Erde erneuern kann. Israel trägt das Wort, die Tora, durch die Geschichte zum Wohl der »Völker«, der ganzen bewohnten Welt.

In den »Liedern vom Gottesknecht«, die in der prophetischen Schule Jesajas entstanden sind, wird zu Israel gesagt: »Ich habe dich zum Licht der Völker eingesetzt, um Blinden die Augen zu öffnen, um Gefangene aus ihrem Gefängnis zu befreien, aus dem Kerker, die im Finstern sitzen.« Israel ist dazu berufen, den Völkern zu zeigen, was Gerechtigkeit ist.

Israel und die Völker! In Psalmen und prophetischen Liedern werden die Völker, die Israel umringen und bedrohen, mit den wütenden Wogen des Meeres verglichen:

»Die Fluten erheben, o Herr,
die Fluten erheben ihre Stimme,
die Fluten ihren Donnerruf.
Gewaltiger als die Stimme vieler Wasser,
gewaltiger als die Brandung des Meeres,
gewaltig ist der Herr in der Höhe.
Deine Worte sind unfehlbar und treu.«

Die Völkerwelt, sagt dieser Psalm 93, ist ein Urmeer der Gewalt, ein Chaos, das noch nicht wieder zu einem menschenwürdigen, bewohnbaren Land umgeformt ist. Gottes Stimme aber ertönt über diesem Todestumult, und sein Wort ist »unfehlbar treu«: Es kehrt nicht leer zurück, es setzt sich durch, wird zum Weg in der Geschichte – und auf diesem Weg wandern Menschen, hoffnungsvoll bis auf den heutigen Tag.

Im Jahr 70 haben die römischen Kohorten, das Militär des mächtigsten der Völker damals, Jerusalem samt dem Tempel zerstört. (Es war bereits die zweite Zerstörung, die erste geschah 587 v. Chr. durch das babylonische Heer.) Im Lukasevangelium wird Jesus die Prophezeiung dieses Untergangs in den Mund gelegt: »Sie werden verschleppt werden unter alle Völker, und zertreten wird Jerusalem durch die Völker, bis die Zeiten der Völker erfüllt sind« (21,24).

Aber selbst dann sind die kühnen Visionen der Propheten Ezechiel und Jesaja nicht verstummt. In den Schriften über Jesus von Nazaret wirken sie weiter, strahlen sie ihr Licht aus.

3.

Israel, das einst zum Wohl der ganzen bewohnten Welt berufen wurde, bleibt auch nach dem »Greuel der Verwüstung« für alle Völker bestimmt: Einst wird die »Bestimmung« Jerusalems, leuchtendes Vorbild der Gerechtigkeit und des Friedens zu sein, in Erfüllung gehen; einst wird der Tempel ein »Haus des Gebetes« sein, in dem die Tora mit dem Herzen gelernt wird. Ezechiel sah Stadt und Tempel neu erbaut und die Herrlichkeit des Gottes Israels darin Einzug halten, und er hörte den neuen Namen der Stadt: »Der ›Ich-werde-dasein‹ ist da.« Und Jesaja sah: »Einst werden die Völker nicht mehr feind sein, nicht mehr fremd sein.« Diese Vision aus Jesaja 60 wird in der Liturgie von Epiphanie – im Volksmund: von Dreikönig – gesungen.

»Auf, werde licht, Jerusalem,
denn gekommen ist dein Licht.
Sein Lichtglanz geht auf über dir.
Noch bedeckt Finsternis die Erde,
noch liegt Dunkel über den Völkern,
doch über dir geht Er auf,
sein Lichtglanz erscheint über dir.
Völker wandern zu deinem Licht,
Könige kommen zu diesem Glanz,
der aufstrahlt wie ein früher Morgen.«

Sie werden niederfallen und sprechen: »Nur bei euch ist Gott; es gibt keinen anderen, nirgendwo einen Gott, niemanden außer ihm, Israels Befreier.«

Die Prophetie Bileams über den »Stern aus Jakob« und Jesajas über die Wallfahrt der Völker wird durch das Evangelium des jüdischen Rabbi Matthäus in der Geschichte von der Geburt Jesu verarbeitet. Ihn nennen die Weisen und Sprecher der Völker »den neugeborenen König der Juden«. Er ist es, der die Annäherung der Völker an die Juden zustande bringen wird; seine Geburtsstunde ist die Stunde, in der sich das Herz Israels öffnet und zum Licht wird für die ganze Welt. Das Herz Israels ist die Tora.

Wir sind »aus den Völkern«. Wir feiern an Epiphanie, daß die Tora auch uns erreicht hat. Daß dieser »Stern der Erlösung« (Franz Rosenzweig) aus Jakob für uns aufgegangen ist. Daß wir »durch Jesus« Anteil erhalten haben an der Gerechtigkeits- und Friedensvision Israels und daß wir ein für allemal wissen: Nirgendwo ist ein Gott, »keiner außer ihm«.

Wir feiern diese Vision. Nicht, daß sie bereits in Erfüllung gegangen wäre – das steht noch aus, ist noch Verheißung. Sondern daß sie uns als Sinn unseres Daseins gegeben ist. Wir feiern ihn, der uns dies gegeben hat: in Hoffnung zu leben.

Maria Lichtmeß

2. Februar

Jesus, Kind der Tora

Das Lukasevangelium verarbeitet die Erfahrung des Katastrophenjahres 70, als Jerusalem und sein Tempel zerstört wurden. Ist nach diesem Untergang noch »Geschichte« möglich? Von dieser Frage aus ist das Evangelium geschrieben, von dieser »Tiefe« aus haben die Menschen um einen neuen Anfang gefleht und entgegen dem entsetzlichen Geschehen jener Tage eine andere Geschichte – von Gott her – erwartet und im Glauben anbrechen gesehen. Im 1. und 2. Kapitel wird die in Israel lebendige Erwartung eines Königreiches von Gott her, eines Reiches von Recht und Frieden über alle Grenzen hinweg, in sechs Gestalten personifiziert, jeweils zu zweit: Zacharias und Elisabeth, Maria und Josef, Simeon und Hanna. Sie »tragen« die Zukunftserwartung. Die Jesusgemeinde, die in diesem Evangelium über sich selbst spricht, ehrt sie als ihre Lehrmeister.

Im Evangelium von Mariä Lichtmeß, dem Fest, das seit alters her die Weihnachtszeit beschließt, »stehen« Simeon und Hanna für das hochbetagte Israel, das voller Erwartung ist. Die Hoffnung läßt sie weiter und tiefer blicken. Fünfmal wird in diesem kleinen Evangeliumsabschnitt erwähnt, daß »seine Eltern« die einzelnen Gesetzesvorschriften genau befolgen: Zeichen ihrer Hingabe an den Geist und die Vision der Tora.

So wird auch Jesus selbst durch das ganze Lukasevangelium hindurch als ein Jude dargestellt, geboren und aufgewachsen als Sohn der Tora, der kraft dieser Lichtquelle zum Licht der Völker werden wird.

Als die Tage erfüllt waren,
daß sie gemäß der Tora des Mose
gereinigt werden mußten,
brachten sie ihn nach Jerusalem,
um ihn dem Herrn darzustellen –
so wie geschrieben steht in der Tora des Herrn:
Alles, was männlich ist
und als erstes aus dem Schoß kommt,
soll ›dem Herrn geheiligt‹ genannt werden –
und um nach der Vorschrift der Tora
ein Opfer darzubringen:
ein Paar Turteltauben oder zwei junge Tauben.

Und siehe, da war ein Mensch in Jerusalem,
dessen Name war Simeon;
und dieser Mensch war ein Gerechter, ein Getreuer,
der die Tröstung Israels herbeisehnte,
und Heiliger Geist war in ihm.
Ihm ward vom Heiligen Geist die Weisung,
er werde den Tod nicht sehen,
bevor er gesehen den Messias des Herrn.
Er kam im Geist zum Tempel.
Als die Eltern das Kind Jesus hineinbrachten,
um nach der Vorschrift der Tora an ihm zu tun,
da nahm er es in seine Arme und segnete Gott und sprach:

Nun läßt du, Meister, deinen Knecht gehen,
wie du versprochen hast, in Frieden.
Denn meine Augen haben gesehen, daß du rettest;
die Befreiung, die du vollbringst
vor den Augen aller Völker:
Licht, das fremde Völker erleuchtet
und das dein Volk Israel strahlen läßt.

Sein Vater und seine Mutter staunten,
was über ihn gesagt wurde.
Und Simeon segnete sie

und sprach zu Maria, seiner Mutter:
Siehe, dieser ist gesetzt
zum Untergehen und Aufstehen vieler in Israel,
zu einem Zeichen des Widerspruchs –
ein Schwert wird deine Seele durchdringen –,
und die verborgenen Gedanken von vielen
kommen durch ihn ans Licht.

Da war auch eine Prophetin,
Hanna, eine Tochter Penuels, aus dem Stamm Aser.
Diese war sehr alt.
Sieben Jahre hatte sie nach ihrer Heirat
mit ihrem Mann gelebt, dann wurde sie Witwe
und war jetzt vierundachtzig Jahre alt.
Niemals verließ sie den Tempel,
immer diente sie Gott in Fasten und Gebet, Nacht und Tag.
Zu eben derselben Stunde kam sie hinzu
und dankte Gott und sprach über das Kind zu allen,
die die Befreiung Jerusalems herbeisehnten.

Und als sie alles vollbracht hatten,
was nach der Tora zu tun war,
kehrten sie zurück nach Galiläa in ihre Stadt Nazaret.
Das Kind wuchs heran und wurde voll Kraft und Weisheit,
und Gottes Gnade war auf ihm.

Lukasevangelium 2,22–40

Aschermittwoch

Ein Lied der Bekehrung

Hör, eine Stimme erklingt:
Bahn einen Weg für ihn,
quer durch die Wüste hindurch.

Ziehe für unseren Gott
durch dieses Unland hindurch
einen geebneten Pfad.

Trag die Hügel ab,
reiß die Berge nieder,
füll die Schluchten aus.

Schlag den rauhen Ort,
mach den steilsten Fels
zur ebenen Erde.

Offenbar wie Licht,
unwiderlegbar neu,
wird er mit uns sein.

Alles Fleisch, das lebt,
wird seine Ankunft sehn
mit einem einzigen Blick.

Aus seinem eigenen Mund
hörten wir dieses Wort
in unserm eigenen Herzen.

Nach Jesaja 40

Das große Fasten

Quer durch die Wüste hindurch

Und es geschah, als alles Volk getauft wurde,
als auch Jesus getauft wurde, als er im Gebet war:
daß der Himmel sich öffnete,
und der Heilige Geist in leiblicher Gestalt,
wie eine Taube, auf ihn herabstieg.
Und eine Stimme kam aus dem Himmel:
»Du bist mein Sohn, mein Herzgeliebter,
deiner erfreue ich mich.«

Lukasevangelium 3,21–22

Jesus, voll von heiligem Geist,
kehrte zurück vom Jordan (wo er getauft worden war).
Und im Geist wurde er in die Wüste gebracht,
vierzig Tage, um vom Satan versucht zu werden.
Nichts aß er in jenen Tagen.
Als sie zu Ende gingen, hatte er Hunger.
Da sagte der Satan zu ihm:
Wenn du Gottes Sohn bist,
sag diesem Stein, daß er Brot werde.
Jesus antwortete ihm:
»Geschrieben steht: Nicht nur von Brot lebt der Mensch.«
Er brachte ihn hinauf.
Er zeigte ihm in einem einzigen Augenblick
alle Königreiche der Welt.
Und der Satan sagte zu ihm:

Dir werde ich alle diese Macht geben
und allen ihren Glanz, die Fülle ihrer Herrlichkeiten;
denn mir ist das alles gegeben,
und ich gebe es, wem ich will.
Du also, wenn du vor mir niederfällst,
dein wird es sein, alles.
Jesus gab ihm zu Antwort: »Geschrieben steht:
Vor Adonai, deinem Gott, sollst du niederfallen
und ihm sollst du dienen, ihm allein.«
Da brachte er ihn nach Jerusalem,
stellte ihn auf die Zinne des Tempels.
Und sagte zu ihm: Wenn du Gottes Sohn bist,
stürz dich da hinab.
Denn geschrieben steht:
Seinen Engeln hat er befohlen, dich zu behüten.
Und: Auf Händen werden sie dich tragen,
damit du dir den Fuß nicht stößt an einen Stein.
Jesus antwortete ihm: »Es ist gesagt:
Du sollst nicht versuchen Adonai, deinen Gott.«
Als der Satan alles, bis zuletzt, versucht hatte,
ging er von ihm weg – bis zu gelegener Zeit.

In der Kraft des Geistes kehrte Jesus zurück nach Galiläa,
und sein Ruf ging ihm voraus durchs ganze Land.
Er lehrte in ihren Synagogen,
und von allen wurde er gelobt.
Und er kam nach Nazaret, wo er aufgewachsen war,
und ging, wie er es gewohnt war,
am Tag des Sabbat in die Synagoge
und stand auf, um vorzulesen.
Ihm wurde die Buchrolle des Propheten Jesaja gegeben.
Er öffnete die Buchrolle und fand die Stelle,
wo geschrieben steht:
Der Geist Adonais ist auf mir. Er hat mich gesalbt,
um den Armen die gute Nachricht zu bringen.
Er hat mich gesandt,
um den Gefangenen zu verkünden: Befreiung;

den Blinden: Sehkraft;
um Unterdrückte in die Freiheit zu entsenden,
um ein Gnadenjahr Adonais zu verkünden.

Als er die Buchrolle geschlossen
und dem Diener zurückgegeben hatte, setzte er sich.
Alle in der Synagoge richteten ihre Augen
voller Spannung auf ihn.
Dann fing er an, zu ihnen zu reden:
Heute haben sich diese Worte, die geschrieben stehen,
in euren Ohren erfüllt.

Lukasevangelium 4,1–21

Nachfolge. Eine Fastenmeditation

1.

Alles, was uns in der Bibel über Gott gesagt wird, ist als Lebenslehre gemeint, ist als Lebensaufgabe zu lesen. Hör zu, sieh, wie er handelt – so mußt auch du handeln. Das ist die Botschaft.

Im Auszugsbuch, der Befreiungsgeschichte Israels, wie handelt er da? Da schickt er einen Menschen zu Menschen in Not: Mose wird zu seinen unterdrückten Brüdern und Schwestern geschickt. Was Gott tut, kommt in seinem Namen zum Ausdruck. »Ich-werde-dasein« heißt sein Name: Ich werde in Menschen dasein, die sich zu Unterdrückten und Notleidenden schicken lassen. Dieser Gott wird »dasein« in Menschen, die füreinander eintreten und die versuchen, »füreinander so gut zu sein wie Gott«. Diese Worte lassen sich singen, in ihnen liegt eine Melodie. Es läßt sich immer mehr singen als sagen und sicherlich mehr singen als argumentieren. Aber allzu übertrieben darf das Lied auch wieder nicht sein, und ein ganz hoher Ton ist fast niemals ganz rein. »Füreinander so gut zu sein wie Gott«. Geht das?

2.

Es ist im Sinne der Bibel als Ganzes, zu sagen, es geht. Die Bibel ist als Ganzes die Geschichte von einem Gott, der Menschen bittet, ja anfleht, ihm in seiner Sorge und Liebe für die Menschen zu folgen. Er gibt den Menschen Raum und Freiheit – so müßten Menschen einander Raum und Freiheit geben. Er sieht das Elend, hört den Schrei nach Befreiung – also öffne auch du deine Ohren und Augen, dein Herz. Er geht aus sich selbst heraus, steigt herab, führt hinaus aus dem Schreckensland, dem Sklavenhaus, der Greuelgeschichte – also führ auch du deine Kinder hinaus aus Schreckensland und Sklavenhaus und all den Greuelgeschichten, von denen die Welt überflutet ist. Er fängt an und fängt wieder an und wieder und wieder, und wie alt ist er nicht schon, »von Ewigkeit zu Ewigkeit« – also, folge du, alter Mann, alte Frau, folge ihm nach.

Hast du je in einer Göttergeschichte von einem Gott gehört, der sich »bekehrt«? Der Gott der Bibel bekehrt sich, so wie in der Geschichte von Abraham, der Isaak als Opfer darbringt, ein Gott, der sich von einem grausamen Befehl »bekehrt«: Nie mehr darf ein Kind geopfert werden – du, Mensch, mach ihm das nach: Nie mehr ein Kind, wem auch immer, zu opfern. Und in der Auszugsgeschichte, da verflucht er »die Kinder Israels«, als sie sich für einen anderen Gott, einen goldenen Kalbsgott entscheiden statt für ihn. Aber Mose überredet ihn, und er bekehrt sich zu Erbarmen und Vergebung. »Ich werde dasein, erbarmend, gnädig, langmütig, reich an Liebe und Treue.« – Macht ihm das nach, du Vater, du Mutter, ihr Menschen mit Kindern. Was hast du nicht alles versucht, sie gut zu erziehen, ihnen »Begriff« für Gerechtigkeit beizubringen, ihr Gewissen zu bilden... Kannst du dir vorstellen, daß sie plötzlich lieber andere Normen, einen anderen Lebensstil, ja sogar andere Eltern wollen? Vielleicht kehren sie sogar in das »Sklavenhaus« zurück, aus dem ihr unter soviel Mühen weggezogen seid, zu einer Moral des »Wer schwach ist, stirbt; wer stark ist, überlebt«, zu einer Religion, die Homosexuelle verurteilt. Und dann erbarmend sein, gnädig, reich an Treue? Wie machst du das dann? Buch, du wurdest gelebt: Sag, wie wir leben sollen.

3.

Das Buch weiß viel, aber längst nicht alles. Es zeigt eine Richtung, bringt dich auf andere Gedanken – das ist mehr, als die meisten Antworten bieten können, das schon. Folge ihm nach, sagt das Buch, geh seinen Weg, tu sein Wort und noch mehr, noch unvorstellbarere Dinge. Es sagt (oder besser sie sagt, denn die Tora ist eine Frau, Gottes beste Freundin), sie sagt: Du stehst an der Stelle Gottes, du bist sein Bild, und nach seinem Gleichnis bist zu geschaffen. Willst du wissen, wer er ist? Überprüfe dann dein Herz und deinen Verstand, deine Geschichte und Lebenserfahrung: Wenn ihr so seid, daß ihr euren Kindern keine Steine gebt, wenn sie euch um Brot bitten, wie soll er euch dann nicht, wenn ihr ihn darum bittet, die Kraft geben, »erbarmend, gnädig, langmütig« zu werden?

Und wenn ihr mit aller Liebe, die in euch ist, nicht die Macht besitzt, den Tod eines unheilbar kranken Menschen zu verhindern, und ihr weint deswegen in ohnmächtiger Wut, warum sollte er, der sieht und hört und weiß, nicht auch weinen? Und so wie ihr hofft, einmal das Unheilbare heilen zu können, so hofft auch er auf eure Kreativität und Ausdauer. Er hofft auf die Schöpfungskraft und die ausdauernde Liebe von Menschen. Wer ist Gott? Gott ist so. Folge ihm, und du wirst leben.

4.

Wenn wir sagen: Der einzig wahre Gott ist uns in Jesus erschienen, dann meinen wir: Alles, was für Gott typisch ist, haben wir in Jesus gesehen. Wir sahen ihn, »so gut wie Gott« handeln, »so gut wie Gott« sein.

Im Evangelium wird von ihm erzählt, daß er sich taufen

ließ. Wie so viele andere Menschen in jenen Tagen und in seinem Land, machte er mit diesem Zeichen deutlich: daß er auf dem Weg Israels gehen und Sein Wort erfüllen will; daß er bereit ist, den schweren, lebenslangen Auszug zu verwirklichen.

Als er dort im Wasser stand, nackt wie ein Neugeborenes, da zerriß plötzlich der Himmel, da öffnete sich die Verborgenheit Gottes, und Gottes Atem und Lebenskraft stieg wie ein Vogel vom Grund des Himmels hernieder und stand, rüttelnd wie ein Falke, über dem Haupt Jesu in der Luft. Da erklang eine Stimme aus dem Himmel – die Stimme, die schon so viele vor ihm aufgerufen hatte, zu den Menschen in Not zu gehen – und sprach: Ich habe dich lieb. Ich ruhe auf dir, ich bin auf dir mit meinem Geist, mit der Fülle meiner Kraft.

Das gesamte »neutestamentliche« Zeugnis über ihn besagt: Er war wie Gott, der sieht und hört und sich erinnert und weiß. Er hat uns vorgelebt, was wir tun müssen: das Elend der Elenden sehen, hören; unsere Augen aufmachen für das, was geschieht; unser Herz nicht abwenden. Und aus dieser Einsicht heraus leben: für die Entrechteten Partei ergreifen; allen ein Verbündeter werden, die versuchen, sich zu befreien und in Menschenwürde Mensch zu werden.

Gott ist er, in dessen Namen wir mit allen Niedergedrückten solidarisch sind. Und dieses Gottes Sprecher und Gewährsmann ist Jesus, gestern und heute noch. Er hat Gott verwirklicht.

»Er hat sich selbst gegeben«, sagt das Buch über ihn. Wie Brot gegeben, um gegessen zu werden, um in anderen Lebenskraft, Überlebenskraft zu werden. Das, was wir »Eucharistie« nennen, ist Zeichen der Erinnerung daran. Gott verwirklichen heißt: Brot für die Hungrigen sein wollen, das Leben für andere hingeben – Solidarität bis zum Ende. Nichts Geringeres meinen wir, wenn wir Brot zu seinem Gedächtnis brechen.

5.

Im Lauf einer langen, unübersichtlichen Geschichte ist Jesus, der prophetische Lehrer aus Nazaret, für uns zum Ausleger schlechthin der jüdischen Glaubensgeschichte geworden, zum Zeugen wie kein anderer für einen Gott, der sieht und hört und Menschen ruft, um Menschen zu retten.

Seine Auslegung der Tora fand in den Tagen seines irdischen Lebens Widerhall – bei vielen? Bei ganz gewöhnlichen Menschen, unter ihnen waren Arme, Kranke, Besessene und »Sünder«. Und nachdem er gestorben war, am Kreuz wie ein Sklave, wurde seine Auslegung erkannt und fand Glauben in einer Gemeinde von Menschen, »auf seinen Namen getauft«, Menschen, die durch ihn und mit ihm und in ihm die Stimme aus dem Himmel hörten und den Geist des Auszugs und der Befreiung empfingen.

Diese Menschen gibt es noch. Sie sind nicht die Kirche, die katholische oder die eine oder andere protestantische. Aber in allen Kirchen gibt es solche Menschen. Und immer mehr außerhalb der Kirchen.

Gibt es sie? Vollkommen, fest und sicher, ihrer selbst und ihres Glaubens sicher? Sie stehen nicht fest, sie wanken, sie fallen, und sie stehen wieder auf. Sie seufzen und stöhnen, wie in Geburtswehen; sie wollen endlich geboren werden. Sie sind sich ihres Lebens nicht sicher, aber sie leben, sie gehen.

Die Worte der biblischen Glaubensgeschichte von Mose und den Propheten, von Jesus und den von ihm Ausgesandten sind die weißen Steine an ihrem Weg, die Meilensteine, Schleifsteine, Feuersteine; Steine, die Wasser spenden, wenn man mit Geduld und Verständnis darauf schlägt; Steine, die sich manchmal sogar in Brot verwandeln. Und manchmal, des Nachts, stehen sie wie Sternbilder, wie leuchtende Orientierungspunkte am Himmel, Handschrift aus Licht, Urkunde des Erbarmens.

Für die Vierzig Tage

Zur Erwägung

1.

Er rief die Zwölf zusammen
und gab ihnen Kraft und Macht
über alle Dämonen und zur Gesundung von Krankheiten.
Und er sandte sie aus,
daß Königreich Gottes bekannt zu machen
und Kranke zu heilen.
Und er sprach zu ihnen:
Nehmt nichts mit für unterwegs,
keinen Stock, keine Tasche, kein Brot, kein Geld,
und keiner von euch darf zwei Kleider haben.
Und in welches Haus ihr kommt
(es sei arm oder weniger arm),
da bleibt (für die Nacht),
und von da geht wieder weiter.
Und wenn sie euch nicht aufnehmen wollen,
dort, aus jener Stadt, geht weg,
und schüttelt den Staub von euren Füßen
zum Zeugnis gegen sie.

Und sie machten sich auf den Weg
und zogen durch die Dörfer,
machten überall die gute Nachricht bekannt
und heilten Kranke.

Lukasevangelium 9,1–6

2.

Und er sagte zu allen:
Wenn einer hinter mir hergehen will,
der sehe von sich selbst ab
und nehme sein Kreuz auf sich, jeden Tag,
und folge mir.
Wer seine Seele und Seligkeit behalten will,
der erreicht es nicht;
aber wer um meinetwillen davon absieht,
der erreicht es.
Was hat der Mensch davon,
die ganze Welt zu vereinnahmen
und selbst doch zugrunde zu gehen?

Lukasevangelium 9,23–25

3.

Er sagte zu ihnen:
Ich sah den Satan
wie einen Blitz aus dem Himmel fallen.
Wißt, ich habe euch die Vollmacht gegeben,
Schlangen und Skorpione,
die ganze Streitmacht des Feindes, mit Füßen zu treten,
und nichts werden sie euch anhaben können.

Lukasevangelium 10,18–19

4.

Er versammelte die Zwölf um sich und sagte zu ihnen:
Jetzt gehen wir hinauf nach Jerusalem,
und es wird alles geschehen,
was durch die Propheten
über den Menschensohn geschrieben ist:
daß er den Völkern ausgeliefert wird,
daß sie ihn verspotten,

daß sie ihn entehren, anspucken, schlagen,
daß sie ihn töten werden,
und am dritten Tage wird er auferstehen.
Doch sie verstanden nichts davon.
Und dieses Wort blieb für sie ganz dunkel,
und sie wußten nicht, was er sagte.

Lukasevangelium 18,31–34

5.

Und es geschah,
als er in die Nähe Jerichos gekommen war,
da saß am Weg ein Blinder und bettelte.
Dieser hörte viele Leute vorbeigehen
und fragte, was da los wäre.
Sie riefen ihm zu: Jesus aus Nazaret kommt vorbei.
Da schrie er: Jesus, Sohn Davids, erbarme dich meiner!
Die vorausgingen, herrschten ihn an,
daß er schweigen solle.
Er aber schrie noch lauter:
Sohn Davids, erbarme dich meiner!
Da blieb Jesus stehen und ließ ihn zu sich bringen,
und als jener bei ihm war, fragte er ihn:
Was willst du? Was soll ich für dich tun?
Er sagte: Herr, daß ich wieder sehe!
Und Jesus sagte zu ihm: Dann sieh wieder!
Dein Vertrauen hat dich gerettet.
Im gleichen Augenblick konnte er wieder sehen,
und er folgte ihm und verherrlichte Gott.
Und das ganze Volk sah es und gab Gott die Ehre.

Lukasevangelium 18,35–44

6.

Er ging nach Jericho hinein und zog durch die Stadt.
Und siehe: ein Mann, mit Namen Zachäus.
Er war ein Oberzöllner, und er war reich.
Er versuchte, Jesus zu sehen, was für einer das ist,
aber es gelang ihm nicht wegen der vielen Leute,
weil er klein von Gestalt war.
Er lief voraus und stieg auf einen Feigenbaum,
damit er Jesus sehen konnte,
denn dort mußte er vorbeikommen.
Als Jesus an die Stelle kam,
blickte er nach oben und sagte:
Zachäus, steige herunter, denn heute würde ich gern
in deinem Haus über Nacht bleiben.
Und schnell stieg Zachäus hinunter
und nahm ihn voller Freude auf.
Alle, die das sahen, fingen an, sich aufzuregen,
und sagten: Zu so einem üblen Menschen geht er
und bleibt auch noch über Nacht.
Zachäus stand da und sagte zum Herrn:
Siehe, Herr, die Hälfte von allem, was ich besitze,
gebe ich den Armen.
Und wenn ich von einem etwas erpreßt habe,
gebe ich es vierfach zurück.
Jesus sagte zu ihm:
Heute geschieht für dieses Haus Rettung.
Denn auch er ist ein Sohn Abrahams.
Der Menschensohn ist gekommen,
zu suchen und zu retten, was verloren ist.

Lukasevangelium 19,1–10

Palmsonntag

Jesus und Jerusalem

Von Jericho ging er hinauf nach Jerusalem.
Und es geschah, als er in die Nähe von Betfage
und Betanien gekommen war,
zu dem Berg, der Ölberg genannt wird,
daß er zwei seiner Jünger vorausschickte und sagte:
Geht ins Dorf da vor euch.
Dort, wo ihr hineinkommt,
findet ihr das Junge eines Esels angebunden,
auf dem noch nie ein Mensch gesessen hat.
Bindet es los, bringt es her.
Und wenn jemand euch fragt: Warum bindet ihr es los?,
dann sagt: Der Herr braucht es.

Die vorausgeschickt wurden, gingen hin und fanden es,
wie er ihnen gesagt hatte.
Als sie den jungen Esel losbanden,
fragten die Eigentümer: Was bindet ihr das Tier los?
Sie sagten: Der Herr braucht es.
Und sie brachten es zu Jesus.
Sie legten ihre Kleider auf den jungen Esel
und halfen Jesus hinauf. Während er dahinritt,
breiteten sie ihre Kleider auf dem Weg aus.
Er kam immer näher,
wo der Weg vom Ölberg hinuntergeht.

Da fing die ganze Schar seiner Jünger an,
voll Freude Gott mit lauter Stimme zu loben
für alle Machttaten, die sie gesehen hatten,
und sie riefen: Gesegnet, der da kommt,
der König ist im Namen des Herrn.
Friede im Himmel, Herrlichkeit in der Höhe!

Einige der Pharisäer, die in der Menge waren,
sagten zu ihm: Rabbi, verbiete das deinen Jüngern,

sie sollen schweigen. Er aber antwortete:
Ich sage euch, wenn diese schweigen,
werden die Steine schreien.
Als er näherkam und die Stadt sah,
weinte er über sie und sagte:
Wenn du doch wüßtest, noch an diesem Tag,
was dir zum Frieden dient!
Jetzt aber bleibt das deinen Augen verborgen.
Es werden Tage über dich kommen,
da deine Feinde einen Wall um dich aufwerfen,
dich ringsum einschließen, von allen Seiten belagern.
Sie werden dich und deine Kinder in dir zerschmettern
und keinen Stein auf dem anderen lassen –
weil du die Stunde nicht erkannt hast, da er zu dir kam.

Dann ging er in den Tempel hinein
und fing an, die Händler zu verjagen.
Er sagte zu ihnen: Geschrieben steht:
»Mein Haus wird ein Haus der Anbetung sein.«
Ihr aber habt es zu einer Räuberhöhle gemacht.
Jeden Tag war er im Tempel und lehrte.
Die Hohenpriester und die Schriftgelehrten
und die Führer des Volkes suchten ihn umzubringen.
Aber sie fanden keine Gelegenheit,
denn das ganze Volk hing an ihm
und hörte auf ihn.

Lukasevangelium 19,28–48

Gründonnerstag

Das letzte Abendmahl

Worte für Kinder aus Anlaß ihrer Kommunion

1.

Liebe ist: Du sitzt beim Fernsehen; du weißt nicht genau, worum es geht; aber auf einmal umarmen und küssen sie sich. Ein herrliches Bild. Aber wohl nicht das einzige Bild, das dir beim Wort »Liebe« in den Sinn kommt. Oder doch?

Ein Zugunglück ist passiert. Im Fernsehen ist es zu sehen. Krankenwagen kommen angerast. Ein Schwerverletzter wird von zwei weißgekleideten Männern auf eine Bahre gelegt. Sie machen das ganz schnell und vorsichtig, und dann fahren sie ihn ins Krankenhaus. Es gab viele Verletzte. Einige von ihnen werden sofort operiert. Es ist bereits Abend, die Ärzte sind ins Krankenhaus zurückgekommen. Schwestern und Pfleger beeilen sich, um zu helfen. Sie versuchen, Menschenleben zu retten. Ist das auch ein Bild für »Liebe«?

Es gibt Länder, in denen Kinder noch immer klein und dumm und arm gehalten werden. Länder, in denen Menschen krank werden, weil sie zu wenig zu essen haben, weil sie sich gegen Seuchen nicht wehren können. Viele Kinder sterben, bevor sie überhaupt ein bißchen gelebt haben. Und dann kommen andere Menschen, die sorgen dafür, daß die Leute gegen ansteckende Krankheiten geimpft werden, daß die Kinder und oft auch die Erwachsenen lesen und schreiben lernen, damit sie die Möglichkeit haben, weiterzukommen und vielleicht sogar ein großes Stück glücklich zu werden. Das nennen wir »Gerechtigkeit«: daß alle das erhalten, worauf sie ein Recht haben. Ich habe in einem Fernsehfilm gesehen, was für eine Kraft davon ausgeht. So, wie man von einem sehr guten Fußballspieler oder von einem, der großartig Klavier oder Saxophon spielt, oder von einer, die wunderbar singt, sagen kann: Von dieser Frau, von diesem Mann »geht eine große Kraft aus«, so denke ich mir: Wer sich für die Ärmsten einsetzt, der hat eine große Liebe in sich. Denn hart für andere arbeiten und die Kraft, die in dir ist, anderen geben, damit sie besser leben können: das nenne ich Liebe.

Mein Vater arbeitete in einem Büro. Und wenn er nach Hause kam, aßen wir schnell, weil er meistens noch den ganzen Abend Nachhilfestunden gab, um etwas dazuzuverdienen. Er hatte nicht nur vier Kinder zu versorgen, sondern auch noch seinen Vater und seine Mutter. Sein Vater war arbeitslos und bekam kein Arbeitslosengeld. Das war vor dem Krieg und im Krieg. Keine einfache Sache, diese viele Arbeit, und so war mein Vater auch nicht immer gut aufgelegt. Aber wir hatten jeden Tag etwas zu essen. Wenn er nicht so hart hätte arbeiten müssen, wäre er vielleicht viel älter geworden. Er war einundsechzig, als er starb. Da war er verbraucht. Wir haben ihn aufgezehrt, denke ich manchmal; nicht nur wir, seine Kinder, sondern eine ganze Menge Menschen. Ich sehe ihn noch vor mir sitzen, an seinem Schreibtisch, am Abend und am Sonntag. Ich sehe seinen Rücken. Es ist für mich ein Bild der Liebe.

Das sind ein paar Beispiele, wie Menschen es zu ihrer Lebensaufgabe machen, füreinander zu sorgen, einander das Leben zu retten, eine bessere Welt zu gestalten. Diese Beispiele sind Bilder der Liebe, auf denen etwas mehr zu sehen ist als nur sich umarmen und küssen. Meist reicht ein Bild nicht aus, du mußt ganze Fotoalben durchblättern, um zu sehen, wie Menschen es versuchen, wie es mißlingt und wie sie es aufs neue versuchen. Du befaßt dich dann mit der Geschichte. Das ist Geschichte: daß Menschen ihr Leben für andere geben. Die Geschichte der Liebe.

2.

Wenn du dich gut umsiehst, dann siehst du, wie Menschen ihr Leben für andere geben. Sie wollen so leben. Sie halten das für die beste Art zu leben. Andere in ihrem Elend sitzen lassen, das ist kein Leben für sie, und das macht sie unglücklich.

Weil es immer solche Menschen auf der Welt gibt und weil es sie auch früher immer gab, darum können wir hier sagen: Wir wollen versuchen, auch so zu leben. Wir sind vielleicht durch Menschen vor uns auf diese Idee gekommen. Einer von diesem Menschen war Jesus von Nazaret – vielleicht habt ihr von ihm gehört. Aber vielleicht habt ihr über ihn seltsame, unheimliche Geschichten gehört. Man muß nicht alles glauben, was man hört.

Dieser Jesus ist nicht einfach vom Himmel gefallen. Genausowenig wie Brot einfach vom Himmel fällt. Er kam aus den Menschen. Er war ein Jude. Und als jüdisches Kind hatte er gelernt, seine Augen gut aufzumachen und gut hinzuhören. Er hatte gelernt, auf das Buch zu hören, mit dem alle jüdischen Kinder aufwachsen, auf das Buch, das man »das Buch von der Liebe« nennen kann, das Buch der Geschichte von der Liebe. Darin steht die Geschichte der Menschen aufgeschrieben, die versuchen, gut und gerecht miteinander zu leben; die versuchen, in Freud und Leid, in guten wie in schlechten Tagen miteinander zu leben. Wie schwierig das ist und daß es ein schwerer Weg ist, ein Weg durch eine Wüste, und wie es danebengeht, auch das ist in dem Buch aufgeschrieben, auch das gehört zu der Geschichte von der Liebe. Und wie sie es dann doch wieder versuchen, neu anzufangen.

Das Buch war der Begleiter Jesu geworden, so wie ein Reiseführer, der in einer fremden Stadt oder in einer fremden Gegend vor dir geht und dir den Weg zeigt. Aus diesem Buch hatte er die Worte des Mose gelernt: daß du dich um den Menschen neben dir kümmern mußt, genauso wie um dich selbst; daß das Liebe ist und daß damit eine neue Welt anfängt. Und die Worte der Propheten hatte er aus dem Buch gelernt, manchmal wilde, wütende Worte: »Weil ihr die Armen krepieren laßt, darum wird die Erde krepieren.«

»Sag mir, wie ich leben muß«, fragte Jesus, der jüdische Junge das »Buch von der Liebe«. Und das Buch gab Antwort, ungefähr mit diesen Worten: »Wenn du mit so vielen hier auf der Erde leben willst, dann mußt du teilen. Wer nur lebt, um mehr zu haben, der wird an seinem Haben zugrunde gehen.«

Nachdem Jesus ein Mann geworden war, wollte er die Worte des Mose und der Propheten auslegen und weitergeben. Er wurde ein Rabbi, ein Lehrer.

Sein Land war von Feinden, den Römern, besetzt. Die meisten Menschen waren arm und lebten in Empörung oder dumpfem Elend – er wollte ihnen beibringen, wie sie trotz allem noch einander Leben geben und so einander das Los erleichtern könnten.

Er sagte: Wenn du für dich allein lebst, wirst du unglücklich. Und er sagte: Die Kraft, die in dir ist, die Energie (daß du stark oder auch nicht so stark bist, daß du einen guten Kopf zum Denken oder vor allem ein gutes Herz zum Fühlen hast), das alles muß man einander geben: Mach Brot daraus für einen, der Hunger hat; mach Wein daraus, damit ihr miteinander ein bißchen fröhlicher werdet. Daß euer traurig zähes Blut etwas schneller fließt, daß euer Herz schneller schlägt und daß die Verzweifelten wieder Hoffnung und Mut zum Leben bekommen. Und mit dieser Geschichte, die er aus dem Buch des Mose und der Propheten gelernt hatte, mit dieser frohen Botschaft zog er durch sein Land. Und es ging soviel Wärme und Kraft und Licht von ihm aus, daß die Menschen ganz nahe bei ihm sein wollten.

Ihr wißt, was aus ihm geworden ist. Eine Handvoll reicher Herren, die auch noch Hohepriester der jüdischen Religion waren und mit der römischen Besatzung zusammenarbeiteten, um das arme und manchmal auch rebellische Volk in

Schach zu halten, sie sorgten dafür, daß Jesus aus dem Weg geräumt wurde.

Als Jesus sah, was auf ihn zukam, hat er mit seinen Freunden, den Zwölf, ein letztes Mal gegessen.

Es war gerade zu der Zeit, die wir »Ostern« nennen. Die Juden feierten ihr größtes Fest, das Pesachfest, ihr Befreiungsfest: daß sich ihre Vorväter aus der Macht Ägyptens befreit hatten, wo sie als Sklaven leben mußten; daß sie dann durch die Wüste gezogen waren; daß sie dort, in dieser schrecklichen Gegend ohne Wasser, gelernt hatten, wie sehr sie einander brauchten und daß Liebe zueinander die beste, ja die einzige Art zu leben ist. Das feierten sie jedes Jahr in großer Dankbarkeit: daß sie dazu bestimmt, daß sie dazu geschaffen sind, um befreit zu werden und in Liebe zu leben. »Frei und in Liebe leben« nannten sie: Königreich Gottes. Dieses Befreiungsfest feierte Jesus mit seinen Freunden am Abend vor seinem Tod.

An diesem Abend wollte er ihnen alles, ein letztes Mal, ganz deutlich sagen. Daß sie ihr Leben einander geben und sich selbst, an wen auch immer, austeilen sollten, wie man Brot austeilt. Er sagte: Ich werde es euch vormachen, schaut gut zu. So, wie ich dieses Brot austeile, genau so will ich alle Kraft, die in mir ist, austeilen; so will ich meinen Leib, in dem ich lebe, so will ich alles, was ich bin, hingeben, damit andere leben können. Eßt mich; trinkt mich, wenn ihr Durst habt, so wie ihr aus diesem Becher trinkt, und das, was ich euch jetzt vormache, das müßt ihr mir nachmachen. Wißt und vergeßt nie: Nur wenn Menschen das tun, wird etwas Neues entstehen, wird eine neue Verbundenheit wachsen, ein »Neuer Bund«, das Reich Gottes: keine Sklaverei, sondern Freiheit; kein trostloses Elend mehr, sondern Freude und Glück; keine Angst und Rache mehr, sondern Liebe.

»Nur wenn Menschen das tun . . .« – das kannst du vergessen, höre ich mich selbst murmeln. Nein, das kannst du nicht vergessen, sagt er; wenn du es einmal gekostet hast, dann wirst du den Geschmack des Neuen nie mehr vergessen.

3.

Was für ein Mensch, der so leben will! Was für ein Bild von Liebe. Dieses Bild wurde dann auch tausendmal gemalt: das letzte Abendmahl Jesu. Es ist nicht bei einem Bild geblieben. Seit Jesus ermordet wurde, hat es Menschen gegeben, die sich seine Worte und sein Vorbild gemerkt haben und die auch so leben wollen. Sie treffen sich manchmal, in dem einen oder anderen Haus, und sie teilen Brot aus an jeden, der Hand und Herz dafür öffnen will. Und sie lassen den Becher mit Wein herumgehen. Sie meinen damit: daß sie selbst wie Brot und Wein gegessen und getrunken werden wollen; daß sie so für eine neue Verbundenheit aller Menschen leben wollen. Und daß sie gegen den Hunger sind und die Ausbeutung und das Elend der Diskriminierung und gegen alle Waffen und daß sie, wenn es sein muß, viel Mühe und Geduld und Leiden dafür aufbringen wollen, um das alles aus der Welt zu schaffen. Und daß sie – wenn es sein muß, gegen die ganze Welt – diesem Ideal treu bleiben wollen, das sie von Jesus und Mose samt den Propheten gelernt haben.

Das ist alles. Und etwas anderes bedeutet das, was wir »Eucharistie« nennen, nicht. Es ist nichts Zauberhaftes und Gespenstisches dabei. Wenn wir miteinander Brot teilen und gemeinsam aus dem Becher trinken, zeigen wir: daß wir es zur Erinnerung an Jesus tun; daß wir kraft dieser Erinnerung versuchen wollen, diese Welt voller Waffen und Krieg in eine Welt des Friedens zu verändern. Das kannst du verstehen, meine ich, auch wenn du acht oder zehn Jahre alt bist. Zumindest: das hoffe ich. Oder: das möge so sein.

Tischgebet für die Feier der Eucharistie

Was geschrieben steht,
das werde jetzt Geist und Wahrheit in unserer Mitte –

so wie du bist der Gott des Jakob, Isaak und Abraham,
so sei Gott für uns,
durch Jesus, deinen Knecht.

Gedächtnis an Jesus von Nazaret
und an seinen Gott und Vater,
der war und der ist und der kommen wird,
ein Gott der Lebenden.

Es nahte das Fest der ungesäuerten Brote,
das Pesach genannt wird,
der Tag, an dem das Lamm zu schlachten war.

Ist hier der Raum,
wo er mit seinen Jüngern zusammensein will,
um ihres Auszugs aus dem Sklavenhaus zu gedenken?

Es kam die Stunde, da er sich zu Tisch setzte
und die von ihm Ausgesandten mit ihm. Er sprach:
Wie habe ich mich danach gesehnt, mit euch zu sein,
bevor ich leiden muß.

Als sie gegessen und getrunken hatten,
nach Segnungen und Dankgebet,
nahm er das Brot und den Becher.

Das ist mein Leib, der für euch hingegeben wird.
Tut dies zu meinem Gedächtnis.
Das ist der Becher eines neuen Bundes in meinem Blut,
das für euch vergossen wird.

Und sie fingen an, sich zu streiten,
wer von ihnen der Größte sei.
Er sprach zu ihnen:
Die Völker haben ihre Herrscher.
So darf es in eurer Mitte nicht sein.
Der Größte werde der Kleinste,
der Vorsteher wie einer, der bei Tisch bedient.

So möge es sein in unserer Mitte.

Was geschrieben steht,
das werde jetzt Geist und Wahrheit in unserer Mitte –
was von dir geschrieben steht:
daß du ein Befreier-Gott bist.

So wie du bist,
der Gott des Jakob, Isaak und Abraham,
so sei Gott für uns
durch Jesus, Lamm und Hirte,
Brot und Weinstock, Licht vom Licht,
deinen Knecht, in unserer Mitte.

Karfreitag

Die Leidensgeschichte

1.

Für die ungläubigen Juden: Gott unser Herr, möge den Schleier von ihren Herzen wegnehmen.« So wurde, bis zu Papst Johannes XXIII., am Karfreitag in den römisch-katholischen Kirchen gebetet. Am 28.Oktober 1965 nahm das Zweite Vatikanische Konzil nach langen Debatten eine »Erklärung über das Verhältnis der Kirche zu den nichtchristlichen Religionen« an, worin es über die Juden u.a. heißt: »Obgleich die jüdischen Obrigkeiten mit ihren Anhängern auf den Tod Christi gedrungen haben, kann man dennoch die Ereignisse seines Leidens weder allen damals lebenden Juden ohne Unterschied noch den heutigen Juden zur Last legen. Gewiß ist die Kirche das neue Volk Gottes, trotzdem darf man die Juden nicht als von Gott verworfen oder verflucht darstellen, als wäre dies aus der Heiligen Schrift zu folgern.«

»Nicht einmal ein Freispruch«, nannte Abel Herzberg diese Erklärung, »sondern eine Begnadigung – das Gerichtsverfahren gegen die Juden wird eingestellt.«

2.

Trotz mancher mutiger Initiativen für ein neues Verhältnis zum Judentum herrschen bei vielen Christen und in allen christlichen Kirchen immer noch wahnsinnige, aber tief wurzelnde Vorstellungen über das Judentum, die immer wieder ausbrechen. Es sollte möglich sein, durch die Praxis der Liturgie, durch Seelsorge und Theologie zu einer neuen Sicht und Einstellung beizutragen, etwa im Geist des folgenden Gebets, das Papst Johannes XXIII. zugeschrieben wurde:

»Wir sind uns heute bewußt, daß viele Jahrhunderte der Blindheit uns die Augen verhüllt haben, so daß sie die Schönheit deines auserwählten Volkes nicht mehr zu sehen und in ihren Gesichtern die Züge unserer bevorzugten Brüder nicht mehr zu erkennen vermögen. Wir verstehen, daß uns ein Kainsmal auf die Stirn geschrieben steht. Im Laufe der Jahrhunderte hat unser Bruder Abel in dem Blut gelegen, das wir vergossen, oder er hat Tränen geweint, die wir verursacht haben, weil wir deine Liebe vergaßen. Vergib uns den Fluch, den wir zu Unrecht an ihren Namen Jude hefteten. Vergib uns, daß wir dich in ihrem Fleisch zum zweiten Mal ans Kreuz schlugen. Denn wir wußten nicht, was wir taten. Herr, laß uns auf den schlechten Wegen, die wir in der Geschichte und in der Kirchengeschichte gegangen sind, umkehren. Laß unsere Umkehr eine konkrete Erneuerung sein. Möge der Friede Gottes, der unser Leben und Denken behütet, unsere Herzen erfüllen.«

3.

Bei einem Karfreitags-Gottesdienst scheint mir ein Geleitwort zu Beginn notwendig zu sein, in dem die Tatsachen vor Augen gestellt werden. Etwa so:

Wir sind hier zusammengekommen, um des Todes Jesu von Nazaret zu gedenken.

In den dreißiger Jahren des ersten Jahrhunderts unserer Zeitrechnung, als sein Land von den Legionen der Römer besetzt war, wurde er von einigen, die mit dem Feind und Unterdrücker des eigenen Volkes gemeinsame Sache machten, an die fremden Herren ausgeliefert. Durch den römischen Befehlshaber Pontius Pilatus zum Tod verurteilt, wurde er wie ein rebellischer Sklave hingerichtet: Nachdem er verhöhnt und gefoltert worden war, starb er am Kreuz – es war während des Osterfestes der Juden.

Nach seinem Tod wurde durch seine Jünger die gute Nachricht verkündet, daß er sich nicht vergeblich auf seinen Gott verlassen hatte, auf den, der von Mose und von den Propheten »Israels Retter und Befreier« genannt worden war, Gott Abrahams, Isaaks und Jakobs, ein Gott von Lebenden.

Mit dem Evangelium der Auferstehung wurde auch die Wahnvorstellung verbreitet, daß das jüdische Volk am Tod Jesu schuldig geworden und von Gott verworfen sein. Dieser Irrglaube hat Jahrhunderte lang zu Judenhaß und Judenverfolgung geführt. Unser Jahrhundert hat gesehen und gehört, wie unter Mitwirkung vieler Christen Millionen von Juden verschleppt, in Lagern mißhandelt und ausgehungert, in Gaskammern ermordet wurden.

In dieser Stunde denken wir an all die Ermordeten des jüdischen Volkes, Schwestern und Brüder Jesu von Nazaret, niedergemetzelt wie er; wie er wurden sie zur Schlachtbank geführt und standen stumm vor ihren Henkern. Möge dieses Gedenken stark genug sein, um zu verhindern, daß jemals wieder Juden beschimpft und verfolgt werden, nur weil sie Juden sind. Und daß bei niemandem von uns und bei keinem einzigen Menschen diese Wahnvorstellung noch Widerhall findet. Mögen alle, die sagen, daß sie Jesus nachfolgen, einsehen, daß sie von Israel den Namen Gottes empfangen haben: »Gott der Befreiung, Gott der Lebenden, er allein«.

4.

Hier paßt auch ein »Gebet des Bewußtwerdens«, in dem die örtliche Gemeinde zu realisieren versucht, inwieweit sie die auch heute noch gängige christliche Einstellung zu den Juden teilt oder ihr keinen Widerstand entgegenstellt. Zum Abschluß eines solchen Gebets, das mehr Fürbitte als Schuldbekenntnis sein sollte, kann der Psalm 130 gesungen oder gesprochen werden.

Aus Tiefen rufe ich zu dir.
Herr, höre meine Stimme.
Laß deine Ohren offen sein
für meine Stimme, die um Gnade fleht.
Wenn du die Sünden behalten würdest,
Herr, wer könnte bestehen?
Ja, bei dir ist Vergebung;
so willst du, daß man dich kennt.
Ich bin, Herr, voller Hoffnung;
meine Seele harrt auf sein Wort.
Meine Seele harrt auf ihn,
so wie die Wächter auf den Morgen,
die Wächter auf den Morgen.
Harre, Israel, auf ihn!
Denn überreich ist bei ihm
Bereitschaft zu vergeben,
Kraft zu befreien. Er wird Israel befreien
von aller Macht der Ungerechtigkeit.

5.

Es ist eine ehrwürdige Gepflogenheit, am Karfreitag die »Passion« von Jesus vorzulesen oder zu singen. Aber eine Leidensliturgie ohne die Vision der Auferstehung liegt nicht im Sinne des Zeugnisses der Evangelien. Darum schlage ich vor, daß Leiden, Tod und Auferstehung Jesu zusammen in einer liturgischen Feier vor Augen gestellt werden. Meine Wahl fällt nicht auf die Erzählung nach Matthäus (mit den umstrittenen, antijüdisch ausgelegten Worten »Sein Blut komme über uns und unsere Kinder«), auch nicht auf das Johannesevangelium (mit seinen massiven Aussprüchen über »die Juden«), sondern auf die Erzählung nach Lukas, in der die Verantwortlichen für die Auslieferung Jesu am meisten differenziert mit den Worten »Hohepriester und Schriftgelehrte« oder »Behörden« bezeichnet werden.

An dieser Stelle sei auf ein Buch der jüdischen Bibelgelehrten David Flusser über Jesus hingewiesen. Im letzten Kapitel

»Der Gekreuzigte und die Juden« zeigt er meiner Meinung nach in überzeugender Weise, daß die Geschichte vom Leiden und Sterben Jesu in der Fassung des Lukas dem historischen Geschehen am nächsten kommt. Das Lukasevangelium bezeugt, daß das jüdische Volk den Tod Jesu nicht gewollt hat; sondern es waren die korrupten »Behörden«, die ihn der römischen Besatzungsmacht auslieferten.

»Dreimal wird bei Lukas die Sympathie der jüdischen Menge mit dem Gekreuzigten zum Ausdruck gebracht, und nirgendwo ist die Rede von auch nur dem geringsten Spott von seiten der zuschauenden Juden. Die große Schar des Volkes geht mit, die Frauen weinen um ihn; und als die Menge sieht, daß Jesus gestorben ist, schlägt sie sich als Zeichen der Trauer an die Brust und geht heim. Das Mitgefühl des Volkes ist verständlich. Das Volk stand ja, solange Jesus in Jerusalem war, immer auf seiner Seite. Die Hohenpriester trauten sich nicht, ihn öffentlich zu verhaften, denn ›sie fürchteten das Volk‹.«

»Wer waren nach Lukas die Feinde Jesu bei seiner Kreuzigung? Nachdem Lukas (23,34) mit Worten von Psalm 22,19 über die römischen Soldaten berichtet hatte, daß sie seine Kleider aufteilten und darum würfelten, sagt er: ›Auch die führenden Männer höhnten und sagten: Andere hat er gerettet; nun aber soll er sich selbst retten, wenn er der Christus Gottes, der Auserwählte ist. Auch die Soldaten kamen, um ihn zu verspotten; sie brachten Essig und sagten, wenn du der König der Juden bist, dann rette dich selbst. Und es war eine Tafel über ihm: Das ist der König der Juden. Einer der Verbrecher, der neben ihm hing, verhöhnte ihn: Bist du nicht der Christus? Rette dich dann selbst und uns!‹ (23,35–39). Danach folgt bei Lukas der Dialog mit dem zweiten, guten Übeltäter. Ebenso kunstvoll wie die Darstellung der Sympathie des Volkes mit Jesus ist die Darstellung der Reaktion der Widersacher Jesu.«

»Lukas hat historisch richtig beschrieben, wer Jesus betrauert und wer ihn verspottet hat. Und so wird es auch in seiner Quelle gestanden haben.«

Osternachtfeier

Das Buch vom Auszug, Israels Befreiungsgeschichte, beginnt mit den Hilferufen von Sklaven und mit einer Stimme, die darauf »aus dem Feuer« antwortet: Ich habe gesehen, ich habe gehört, ich weiß von den Leiden der Geknechteten, ich komme, ich werde dasein. Dann wird ihre Flucht beschrieben, das Wagnis des Durchzugs durch das Meer und die Prüfungen in der Wüste, Durst, Verzweiflung und die Gabe des richtungweisenden, lebenspendenden Wortes.

Das Herz der Geschichte ist die Verheißung, daß es keine vergebliche Wanderung sein wird, daß wir das Land erreichen werden. Wir? Ist es möglich, die alte jüdische Glaubensgeschichte als unsere Geschichte zu lesen? Dann ist es auch möglich, ihre Zukunftsvision, Auferstehung aus dem Tod, als die unsere zu feiern.

Ein gedeckter Tisch; Brot, Becher mit Wein, sieben Kerzen. Während des Gottesdienstes werden Blumen auf und um den Tisch gestellt.
Zwei Flöten, eine vorne, eine hinten im Kirchenraum; sie improvisieren einander zu, eine Viertelstunde vor Beginn des Gottesdienstes. Dann einige Minuten Stille.

Lied: Wie Blinde

Wie Blinde tasten wir die Wand entlang,
tastend wie Menschen ohne Augen.
Wir stolpern am hellichten Tag.
In der Blüte unsres Lebens sind wir wie Tote.

Wie weit ist die Nacht,
Wächter, wie weit?
Der Morgen kommt, sagt der Wächter.
Aber noch ist es Nacht.

Die Schöpfungsgeschichte

Am Anfang schuf Gott Himmel und Erde.
Die Erde war wüst und leer,
Finsternis lag über der Urflut,
Gottes Odem ging über die Fläche des Wassers.
Gott sprach: Es werde Licht, und es wurde Licht.
Gott sah das Licht, daß es gut war.
Gott schied zwischen Licht und Finsternis.
Und Gott nannte das Licht Tag,
und die Finsternis nannte er Nacht.

Alle singen: So wurde es Abend und Morgen, der erste Tag.

Gott sprach: Es werde ein Firmament,
um Wasser von Wasser zu scheiden.
Gott machte das Firmament
und schied Wasser oben und Wasser unten.
So geschah es. Das Firmament nannte er Himmel.

So wurde es Abend und Morgen, der zweite Tag.

Gott sprach: Alles Wasser fließe
zusammen an einem Ort,
und das Trockne soll zum Vorschein kommen.
So geschah es.
Das Trockene nannte er Land, das Wasser nannte er Meer,
und er sah, daß es gut war.
Gott sprach: Jetzt bringe das Land
Gewächse hervor, grüne Pflanzen, Bäume.
So geschah es. Das Land brachte grüne Pflanzen hervor,
Saatgewächse und Fruchtbäume aller Art.
Und er sah, daß es gut war.

So wurde es Abend und Morgen, der dritte Tag.

Gott sprach: Jetzt sollen Leuchten dasein
am Firmament des Himmels,
um Tag und Nacht voneinander zu scheiden.
Als Zeichen sollen sie dienen für Tage und Jahre
und Festzeichen bestimmen.
So geschah es. Gott machte zwei Leuchten,
die größere für den Tag, die kleinere für die Nacht,
und die Sterne.
Gott gab ihnen ihren Platz am Firmament des Himmels,
damit sie über die Erde leuchten,
damit sie den Tag und die Nacht behüten,
und die Finsternis scheiden vom Licht.
Und er sah, daß es gut war.

So wurde es Abend und Morgen, der vierte Tag.

Gott sprach, das Wasser soll voll sein von lebenden Wesen,
und über der Erde, am Firmament sollen Vögel fliegen.
Gott schuf die großen Tiere im Meer
und alle lebenden Wesen, wovon das Wasser wimmelt,
und alle Arten geflügelter Vögel.
Und Gott sah, daß es gut war.
Er segnete sie und sagte:
Seid fruchtbar und vermehrt euch
und erfüllt das Wasser der Meere,
und die Vögel sollen sich auf Erden vermehren.

So wurde es Abend und Morgen, der fünfte Tag.

Gott sprach: Es bringe die Erde Tiere hervor,
zahme und wilde. So geschah es.
Gott machte sie, wie sie sind,
und er sah, daß es gut war.

Dann sprach Gott: Laßt uns Menschen machen
nach unserem Bild, nach unserem Gleichnis.
Sie sollen Fische und Vögel behüten
und alles, was lebt, bewahren.
Gott schuf den Menschen nach seinem Bild,
als Bild Gottes schuf er ihn,
männlich – weiblich schuf er sie.
Er segnete sie und sprach:
Seid fruchtbar und vermehrt euch
und erfüllt die Erde,
bebaut sie, vollendet sie mit eigener Hand;
behütet die Fische des Meeres und die Vögel des Himmels,
alles, was sich bewegt; alles, was lebt.
Gott sprach: Und hiermit gebe ich euch alle Saatgewächse,
alle Fruchtbäume – das sei eure Nahrung.
So geschah es. Gott sah alles, was er gemacht hatte,
es war sehr gut.

So wurde es Abend und Morgen, der sechste Tag.

Vollendet waren Himmel und Erde.
Vollendet war das Werk Gottes,
das er gemacht hatte, am siebten Tag.
Und er ruhte von seinem ganzen Werk,
das er gemacht hatte, am siebten Tag.
So wurden Himmel und Erde geboren,
so wurden wir geschaffen.
So wurde es Abend und Morgen, dieser Tag.

Genesis 1 (frei bearbeitet)

Gebet

An diesem Tag, an diesem Abend,
in dieser Nacht von Brudermord und Krieg,
sieh uns, deine Menschen:
Welt voller Gewalt, Fronten, Ghettos,
Apartheid, besetzte Gebiete;
Welt voller schleichendem Unrecht,
mehr und mehr Armut,
alte Menschen, immer einsamer sterbend,
junge Menschen, das Lebenslicht hassend –
auf dieser geschundenen Erde sieh deine Menschheit.

Möge für uns Wahrheit werden, was geschrieben steht,
was bis heute vorgelesen und erzählt wird:
»Aus ihrem Elend stieg ihr Hilfeschrei empor,
und er hat gehört, er hat gesehen, er weiß,
und er ist herabgestiegen, um zu befreien.»

Du Hirte Israels, höre unser Gebet,
Behüter Josefs, komm, uns zu befreien.

Lied: Wo bist du

Josef, tot und begraben.
Es kam ein anderer König,
der von Josef nichts wußte.
Er stellte Aufseher an.

Unsere Arbeit ward schwerer,
bitterer unser Leben
durch harten Dienst auf dem Feld,
Steinbrucharbeit in den Gruben.

Und wir schrien empor.
Und Gott hörte und wußte.
Und er gedachte des Bundes.
Und beschloß, uns zu retten –

Worte genug, daß du rettest;
sieh deine zahllosen Menschen,
wie sie werden vernichtet,
noch ehe sie haben gelebt.

Schau durch die Zeiten hindurch:
Bis heute ist Ägypten.
Peitschenschläge, schallende
Worte. Wo bist du?

Die Auszugsgeschichte

Er sprach zu den Kindern Israels:
Diese Nacht wird für euch
der Anfang der Freiheit werden.
Laßt jeden Mann für seine Familie ein Lamm nehmen
und es in den Abendstunden schlachten.
Dann sollt ihr mit dem Blut des Lammes
die Türpfosten und Schwellen eurer Häuser bestreichen.
Und in der Nacht sollt ihr das Fleisch essen,
mit ungesäuerten Broten und bitteren Kräutern dazu.
So sollt ihr es essen: die Lenden gegürtet,
die Schuhe an den Füßen und den Stock in der Hand,
und in großer Eile sollt ihr es essen,
denn in dieser Nacht wird Gott an euch vorbeigehen.
So machten es die Kinder Israels.

Mitten in der Nacht
wurde alles Erstgeborene im Lande Ägypten geschlagen.
Und der Pharao mit seinem Hof und ganz Ägypten
erhob sich diese Nacht vom Schlaf.
Und Weinen erhob sich im ganzen Land,
so laut, wie es noch nie gewesen war
und nie mehr sein wird.
Denn jedes Haus hatte seinen Toten.

Noch in derselben Nacht ließ der Pharao Mose kommen
und sprach: Geh fort aus meinem Land,
und zieh weg mit diesem Volk Israel.
Der Aufenthalt der Israeliten in Ägypten
hatte vierhundertunddreißig Jahre gedauert.
Es war eine Nacht des Wachens für Gott.

Und dann zog Israel fort,
heraus aus dem Sklavenhaus Ägypten.
Und Gott ging vor ihnen her.
Tagsüber in einer Wolkensäule,
um ihnen den Weg zu weisen,

nachts in einer Feuersäule, um ihnen zu leuchten,
damit sie Tag und Nacht gehen konnten.
Als aber das Volk ausgezogen war,
schlug die Stimmung des Pharao um,
und er dachte: Was habe ich da gemacht,
daß ich Israel aus meinem Dienst weggehen ließ!
Und er ließ seinen Wagen anspannen,
rief sein Kriegsvolk zusammen
und begann die Kinder Israels zu verfolgen.
Und er holte sie ein.

Als Israel die Ägypter hinter sich herkommen sah,
war es vor Schreck wie gelähmt.
Und sie schrien zu Mose:
Gab es in Ägypten nicht Gräber genug?
Warum hast du uns mitgenommen,
daß wir jetzt in der Wüste sterben?
Da sprach Gott zu Mose: Was rufen sie zu mir?
Befiehl den Kindern Israels, aufzubrechen!
Halte deinen Stab hoch,
strecke deine Hand aus über das Meer
und spalte es in zwei Teile, damit die Kinder Israels
trockenen Fußes durch das Meer gehen können.
Dann werde ich meine Macht erweisen am Pharao
und seinem Heer, an seinen Wagen und Reitern.
Dann werden die Ägypter erkennen, daß ich euer Gott bin.

Und Mose streckte seine Hand aus über das Wasser.
Und Gott warf das Meer zurück
durch einen starken Ostwind,
der die ganze Nacht wehte,
und die Kinder Israels zogen trockenen Fußes
mitten durchs Meer, weil das Wasser zu ihrer Rechten
und zu ihrer Linken wie eine Mauer stehenblieb.
Die Ägypter jagten ihnen nach,
alle Pferde des Pharao mit seinen Wagen und Reitern
zogen hinter ihnen her bis in die Mitte des Meeres.

Aber am frühen Morgen brachte Gott
das Heer der Ägypter in Verwirrung,
ließ die Räder von ihren Wagen abspringen
und hielt ihren Gang auf.
Und die Ägypter riefen:
Laßt uns vor den Kindern Israels fliehen,
denn Gott kämpft für sie, gegen Ägypten.
Da sprach Gott zu Mose:
Strecke deine Hand aus über das Meer,
dann fließen die Wasser zurück.
Und Mose streckte seine Hand aus über das Meer,
und in der Morgenstunde floß das Meer
an seinen alten Platz zurück.
Das Meer überflutete alle Wagen und Reiter des Pharao.
Nicht einer blieb übrig.

Exodus 12–14 (frei bearbeitet)

Auszugslied

Steindichte Finsternis, totenstill.
In Angst zerbissne Worte,
in den Staub geschriebne Worte.
Die Sklavenfron, die Peitsche, Durst und Tränenbrot
und wissen, daß kein Ende als der Sklaventod.

Land, längst gelobt, doch nie gesehn.
Aus Feuer klangen Worte,
uns ins Herz geschriebne Worte –
in Stein gehauen, uns voraus, bis es geschieht,
daß fallen wird die Festung dieser Finsternis.

Die Auszugsgeschichte. Fortsetzung

Im dritten Monat nach ihrem Auszug
aus dem Lande Ägypten, am fünfzigsten Tag,
kamen die Kinder Israels in die Wüste Sinai,
und sie schlugen ihre Zelte auf am Fuße des Berges.

Mose ging hinauf zu Gott. Eine Wolke bedeckte den Berg.
Donnerschläge ertönten, Blitze durchschnitten die Wolke.
Dann erklang vom Berg her die Stimme,
und Gott sprach diese Worte: Ich, ich werde dasein.
Ich, der Gott, der dich herausgeführt hat
aus dem Lande Ägypten, aus dem Sklavenhaus.

Du sollst keine anderen Götter haben
vor meinem Angesicht,
kein Gottesbild und kein Abbild von etwas,
das im Himmel oder auf Erden ist.
Du sollst meinen Namen nicht sinnlos gebrauchen.

Gedenke des siebten Tages.
Sechs Tage sollst du arbeiten, soviel du kannst.
Der siebte aber ist zum Ruhen.
Denn an sechs Tagen hat er Himmel, Erde, Meer
und alles geschaffen,
aber am siebten – da ruhte er.

Verleugne nicht deine Vorfahren;
deinen Vater, deine Mutter, halte sie in Ehren;
die Worte, die sie dich gelehrt haben –
dann wirst du viele Tage leben auf Erden.

Nicht töten. Nicht ehebrechen. Nicht stehlen.
Nicht falsches Zeugnis geben gegen deinen Nächsten.
Nicht sein Haus begehren, seine Frau,
seinen Knecht, sein Vieh – nichts von ihm.

Diese Worte sprach der »Ich werde dasein«
mitten aus dem Feuer.
Und mehr Worte hat er nicht gesprochen.
Und eingeritzt auf zwei Steinplatten,
gab er sie Mose in die Hand.
Am Fuße des Berges standen die Kinder Israels.
Und sie sahen die Lichtglut des »Ich werde dasein«,
hoch auf dem Berg, wie verzehrendes Feuer.

Exodus 19–20 (frei bearbeitet)

Lied: Habt Mut

Wird das düstere Land noch
wie ein Narzissenfeld
strahlend lachen und blühen?

Reckt die schlafenden Hände.
Stellt euch, geknickte Knie.
Habt Mut, ihr zitternden Herzen.

Er, der Einzige, kommt,
befreit, macht wieder gut.
Läßt sich gelten. Keine Angst!

Er tut Quellen auf, entbindet
Zungen, Gesänge, Flüsse -
Felsgestein, du wirst ein Garten,

Wüste, du wirst ein Weg.
Er geht vor uns auf dem Weg.
Niemand wird sich verirren.

Nach Jesaja 36

Die Auferstehungsgeschichte

Am Sabbat ruhten sie, wie es vorgeschrieben war. Aber –
am ersten Tag der Woche,
es war noch früh am Morgen,
gingen die Frauen zum Grab.
Sie trugen den Balsam und die duftenden Kräuter,
die sie bereitet hatten.
Sie fanden den Stein, weggewälzt vom Grab.
Sie gingen hinein und fanden nicht
den Leib des Herrn, des Jesus.

Und es geschah, in ihrer Ratlosigkeit darüber,
siehe, zwei Männer standen vor ihnen
in glänzend weißem Kleid.
Sie erschraken und beugten ihr Gesicht zur Erde.
Die Männer sagten zu ihnen:
Warum sucht ihr den Lebenden bei den Toten?
Er ist nicht hier, er ist auferstanden.
Erinnert euch, wie er zu euch sprach,
als er noch in Galiläa war:
Der Menschensohn muß
in die Hand schuldiger Menschen ausgeliefert
und gekreuzigt werden
und am dritten Tage auferstehen.
Und sie erinnerten sich seiner Worte.

Zuruf
So wahr er lebt bei dir:
Sende uns deinen Geist,
daß wir uns seiner Worte erinnern.

Ansprache – Schriftauslegung

Ich träumte und sah: eine Schar von Kindern, alle schleppten einen Steinblock auf ihren Schultern. Sie mußten noch weit gehen, bis dorthin, wo sieben verkohlte Bäume standen, da sollte etwas mit den Steinen gebaut werden. Zehn Kinder zählte ich und dahinter zahllose gebeugte Schatten. Ich will sie nicht sehen, ich nehme meinen Kopf ab und halte ihn hinter meinen Rücken.

Die Erde: ein großes Chaos, vollgestopfte Leere, überfüllte Autobahnen, Geisterfahrer, Leute, die wie blind über die Straße gehen. Da: ein Abgrund voll Wasser, dann eine Stimme wie eine Windböe, ein Atemstoß: Licht. Und es wurde Licht. Dieser Traum.

Ein lichtblaues Firmament, ein lichtgrünes Meer voller pfeilschneller Lebewesen, Vogelschwärme über einem lichtroten Berg, tanzende Pelikane. Dieser Traum. Ein schwarzes Meer, Wasser stehen mauerhoch, winzige Menschen dazwischen; das steile Ufer; vor ihnen, soweit die Augen sehen, ein Land voller Fruchtbäume; hinter ihnen brechen die Wassermauern zusammen und begraben die heranjagenden Pferde und Wagen.

Ich träumte: Ich stand in einer Ebene voller Totengebein. Windböen, Atemstöße, und die Knochen bewegen sich aufeinander zu; Gerippe bedecken sich mit Fleisch und Haut; sie stehen auf, hoch aufgerichtet, lebende Menschen, eine unzählbare Menge. Ich träume: Ich fliege durch die Luft, einen Brief zwischen meinen Lippen; ich lande auf einem Gefängnishof, groß wie ein Erdteil; »frei«, rufe ich, »ihr seid alle frei«, und ich zeige ihnen den Brief. Ich stoße die Pforten auf, sie drängen nach draußen, sie singen, und vor ihren Füßen verändert sich das Land voller Steine in gerade Wege und blühende Felder.

Auszug, Heimkehr, das Ungeheuer getötet, der Mörder ein Mensch geworden: die ältesten Träume der Menschheit, das Erbe der Armen und Unterdrückten.

Warum tasten wir wie Blinde an den Mauern entlang und

sind in der Blüte unseres Lebens wie Tote? Weil wir keine Träume mehr haben, diese Träume nicht mehr. Warum ist dieser Abend anders als alle anderen? Weil wir an diesem Abend von einem Leben träumen, das nicht durch harten Dienst verbittert wird, sondern von Freundschaft überwölbt. Ein Leben in einem weiten Land.

Die jüdische Bibel, die unsere Vorstellungskraft geformt und unsere Augen geschärft hat, bindet diesen Traum von einem erfüllten, menschenwürdigen Leben an den einen ewigen Gott, in dessen Herz diese Vision von Liebe entstanden ist.

Es soll einer dagewesen sein, damals, in Tagen wie den unseren, ein Mensch, wenigstens einer, der bereit war, für diese Vision von Liebe zu leben und zu sterben. Sie schleppten ihn nach Golgota, es war neun Uhr am Vormittag, als sie ihn kreuzigten. Vorübergehende verhöhnten ihn: »Andere hat er gerettet, sich selbst kann er nicht retten.« Es wurde drei Uhr mittags, Finsternis brach über das ganze Land herein. Dann rief er: »Gott, mein Gott, warum hast du mich verlassen?«

Ich träumte: Ich stand in einem hohen Raum, einer Kirche ähnlich, vor einer Sternenkarte, und ich mußte sagen, wo wir waren. Mit meinem Finger zeigte ich auf einen roten Punkt, bei dem die Worte standen: »Er ist nicht mehr hier, er ist auferstanden.« Als ich anfing, diese Worte zu erklären, ergriff mich eine fremde Sprache, ich verstand mich selbst nicht mehr – wie durch einen Strudel wurde ich an den Rand des Raumes gezogen.

Was bedeutet die Geschichte, daß dieser gekreuzigte Mann auferstanden ist? Die Antwort beginnt heute abend, wie immer, mit einem Hinweis auf die jüdische Bibel, auf das Schöpfungslied der sieben Tage, auf die Geschichte von Auszug, Wüstenweg, Zehnwort. Die Zehn Worte, von denen es heißt, wir sollen sie uns »Tag und Nacht, zu Hause und unterwegs« wiederholen, wir sollen sie in unsere Kinder »schreiben«: »Diese Worte, dir gegeben, hier und heute, präge sie in dein Herz.«

Das sind deine Menschenrechte. Dein Recht, nicht ermordet zu werden, nicht ausgebeutet, schikaniert, vergiftet, verrückt gemacht zu werden. Aber auch das Lebensrecht aller anderen (jeder andere, der mit diesem vertrauensvollen Wort »dein Nächster« genannt wird). Ein Gott, der Eine, ruft die Einheit aller Menschen aus: Menschheit (»Mann-Frau und Frau-Mann«). Nicht töten heißt, daß kein einziger getötet werden darf. Dann aber heißt leben: eintreten für das Leben, von wem auch immer.

Es gibt also immer etwas, das Tag und Nacht, zu Hause und unterwegs geschehen muß: Das Recht auf Leben muß gefordert, verteidigt, erkämpft werden; Lebensgefahr muß erkannt, verhindert werden; Lebenschancen müssen geschaffen werden, immer aufs neue, bis zum Ende der Welt. Es muß kalkuliert und studiert werden. Ein Plan geschmiedet, ein Wort gefunden, ein Traum aufgeschrieben, Musik gemacht werden. Es müssen geheime Mülldepots und geistige Giftzonen abgegraben werden. Es muß aber auch gestreichelt und liebkost werden, es müssen Kinder geboren werden und manchmal auch nicht; es muß überlegt, überprüft, wiederhergestellt, vergeben und vergessen werden oder gerade nicht vergessen werden. Das alles muß immer geschehen, sonst stirbt das Leben. Was meinst du, ist es möglich, so zu leben? Schon möglich. Oder besser: Ganz bestimmt, das ist möglich!

»Diese Worte, dir gegeben, hier und heute«, sie sind nicht zu hoch, nicht zu weit weg; sie sind in deinem Mund, in deinem Herzen, du kannst sie ausführen. Sie sind zu verwirklichen, und wer sie verwirklicht, der überwindet den Tod in sich selbst, den Terror, die Privilegien und die Selbstverständlichkeit von Mord und Totschlag und allem, was dazu führt.

Es solle einer dagewesen sein, damals, aus demselben Stoff wie wir gemacht; ein Mensch, wenigstens einer, der den Tod überwunden hat. Er wäre, einmal tot und begraben, nie der Auferstandene genannt worden, wenn man nicht an ihm gesehen hätte, wie er den Tod besiegte, als er noch lebte:

daß etwas in ihm stärker war als der Tod, Etwas-in-ihm, Gott-in-ihm.

Du, der du all die Zehn Worte gehört hast (Einblicke ins weite Land, Funken eines Namens) und der du sie zu verwirklichen suchst – wenn du religiös erzogen bist, dann hast du wahrscheinlich eine Menge Fragen: über ein Leben nach diesem Leben, über die Auferstehung des Leibes und so. Manchmal, in nachdenklichen Augenblicken, grübelst du, was du noch glauben kannst. Aber dann zieht wieder diese Schar von Kindern durch dich hindurch, durch die Landschaft deiner Fantasie, unzählige gebeugte Schatten, die Steine schleppen, sich ins Nichts fortschleppen, zu den sieben verkohlten Bäumen. Und du machst dir einen Plan, bis spät in die Nacht, um wenigstens einem Kind den Stein von den Schultern zu nehmen. Und all die Fragen über ein Leben nach diesem Leben? Die müssen und können noch eine Weile warten ... Ich meine, das ist im Geist dieses gekreuzigten Auferstandenen.

Ich träumte: Ich sah einen Zug von Kindern, die hielten alle einen großen Strauß Blumen über ihren Kopf. Sie hatten noch einen weiten Weg vor sich, bis zu den sieben leuchtenden, hoch aufblühenden Bäumen – um diese wird ein Garten gepflanzt, eine Gartenstadt gebaut. Zehn Kinder zähle ich, dahinter unzählige Lichtgestalten. Ich hebe den Kopf, fange an zu zählen: 10, 12, 70, 3000, verzähle mich – Ende des Traums.

Zehn oder mehr Kinder bringen große bunte Blumensträuße auf den Tisch.

Hymne an Jesus

Finsternis throne hoch, erhaben,
die Menschen fielen sterbend hin.
Ein Wort des Lichts als Saat der Gnade
gäbe dem Leben Neubeginn.

Du warst bereit, ein Wort für alle,
das eine Wort des Lichts zu sein,
wie Saat in harten Grund zu fallen –
du acht'test nicht der Sterbenspein.

So bist du in die Nacht gegangen.
Kein Engel hat dir Brot gebracht,
kein Sternenzelt hat dich umfangen,
kein Mutterschoß sich aufgemacht.

Um eines Tages, neu geboren,
in Stimmenblüte aufzustehn,
mußtest, weiß Gott wie tief verloren,
in Menschengrund du untergehn –

mußtest in Geistesgrund du sinken,
in Menschengeist, als Saat des Lichts,
um jetzt aus allen zu erklingen,
du Lied, das keinem Dunkel wich.

(Zur Melodie im Gotteslob Nr. 300)

Eucharistiegebet

Gesegnet du in deiner Verborgenheit,
gesegnet für deine Sonne, deinen Schöpfungstag –
in Nacht und Wolken, in blendendem Licht,
wo bist du, Vater unser im Himmel?

Genannt, gekannt, geliebt, vollbracht, geheiligt,
werde dein Name von uns, wenn wir recht tun –
damit dein Wille jetzt endlich geschehe
und Menschen nicht mehr vor Hunger sterben.

Gesegnet für dein einst gegebnes Wort,
gesegnet für dein Kind aus Nazaret –
gesegnet für den Schoß, aus dem er kam,
für das Volk des Bundes, deine große Liebe.

Dein Königreich komme, die Erde neu,
der Himmel offen, Menschheit nach deinem Bild.
Öffne deine Hand, gib uns das Wort der Freiheit;
wenn du uns nicht sättigst, sind wir nichts.

Öffne dein Herz, erbarm dich über uns,
vergib uns siebzigmal und tausendmal,
damit auch wir in deinem Namen einander vergeben
und das Böse nicht vervielfacht wird.

Lehre uns ausharren in der Vision
des Rechts für alle, gib uns Neubeginn.
Sieh uns von ferne, tröst uns von nahem,
sei Gott für uns, hier, jetzt und ohne Ende.

Nehmt und eßt und trinkt:
Brot der Freiheit, Leib, uns gegeben;
Frucht des Weinstocks,
Vorgeschmack seines Königreichs.

So möge es sein.

Lied vom Erstgeborenen

Möge uns als wahr erscheinen,
der genannt wird Sohn der Menschen,
der gesagt wird tot, doch lebend,
der gehofft wird Mensch für alle.

Möge dieser uns erscheinen,
nicht im Traum, im Stand der Sterne,
nicht als Spiegelbild im Wasser,
vielmehr in der Liebe Sprache.

Hier, im Menschenbrot gebrochen,
Lebenschancen, Recht für alle,
hier im Trinken dieser Becher,
in Vergebung und Erbarmen.

Möge dieser uns erscheinen,
Augenlicht und Lebensatem,
Knecht und König, Lamm und Hirte,
lieber Meister, Gottes Wort.

Fürbitte

Der du uns sahest, bevor wir waren,
du dachtest uns und stelltest dir uns vor:
eine Menschheit, hundert Farben, tausend Sprachen.
Dann hast du, einen nach dem andern, uns gesegnet,
mit eigner Hand einander uns gegeben –
Weißt du noch? Was schweigst du nun, du schläfst?
Fängst du, weit weg, ein neues Weltall an?

Gedenke du der Kinder, die aus uns geboren
auf dieser Erde, die von uns verlebt.
Erleuchte unseren Verstand, erneure unser Herz,
daß wir einander hüten und leben lassen.
Mach uns zu neuen Menschen. Sei die Stimme,
die unser Gewissen weckt. Verbirg dich nicht.

Abschied und Segen

Haltet einander fest.
Löscht den Geist nicht aus.
Macht einander nicht klein.

Denk nach. Tu Gutes.
Hab lieb.

Gespenster gibt es nicht.
Fürchte dich nicht.
Freunde aber gibt es.
Ich bin bei dir, sagt er,
ich bin bei dir
mit meinem Geist.

Lied: In deine Hände

Laß über uns dein Angesicht leuchten.
In deine Hände empfehl ich den Geist.

Der mich gezogen aus dem Schoß,
mich gerufen und befähigt,
daß ich leben kann ohne Angst:

In deine Hände empfehl ich den Geist.

Der mich beschuht hat und umkleidet,
damit ich gehen kann und nicht erliege,
daß ich gelange dahin, wo du bist:

Laß über uns dein Angesicht leuchten.
In deine Hände empfehl ich den Geist.

Der, ungesehn, mich zieht zu sich,
dir werd ich ungesehn vertrauen –
so war noch nie ein Gott für uns.

In deine Hände empfehl ich den Geist.

Laß über uns dein Angesicht leuchten.
In deine Hände empfehl ich den Geist.

Sonntag nach Ostern

Taufkatechese für Eltern

Ich danke Gott, daß ich niemand von euch getauft habe,
außer Krispus und Gaius.
Jetzt kann jedenfalls niemand behaupten,
daß ihr auf meinen Namen getauft seid.
Doch, auch die Familie des Stephanas habe ich getauft,
sonst wüßte ich nicht, daß ich noch jemand getauft habe.
Christus hat mich ja nicht gesandt, zu taufen,
sondern das Evangelium zu verkünden.«

1. Korintherbrief 1,14–17

1.

Die heute häufige Erfahrung, daß »Ältere« ihren Glauben und ihren religiösen Lebensstil nicht an ihre Kinder weitergeben können, daß sie über ihren Glauben nicht einmal reden können, führt bei vielen zur Frage, ob das ihre Schuld sei. Daß nicht die Älteren, nicht die Eltern daran schuld sind, sondern »die alten Strukturen«, wie es oft heißt (und gemeint ist die alte Weise der Glaubensvermittlung: entschieden, befehlend, ja drohend, mehr an unverrückbaren Antworten als an Fragen interessiert) und daß auch wir Opfer dieser Strukturen sind, ist zwar eine richtige, aber eine entmutigende Feststellung. Muß es so bleiben, oder besteht die Möglichkeit weiterzukommen? Etwa dadurch, daß sich eine kritische (d.h. sich selbst befragende) Gemeinde für dieses Loch, dieses Vakuum in der Glaubenstradition verantwortlich fühlt? Finden wir uns mit dieser Krise ab, oder suchen wir nach neuen Zugängen und neuen Worten? Warum sollten wir nicht versuchen, für einen neuen Stil der Glaubenserziehung und Glaubensweitergabe Verantwortung zu übernehmen?

Immer wenn Menschen ihre Kinder taufen lassen, muß man miteinander über Glaubenserziehung und Glaubensweitergabe sprechen. Der Ausgangspunkt ist, daß sie, die ihre Kinder taufen lassen, sich wirklich vorgenommen haben, ihre Kinder auf den Weg des eigenen Glaubenslebens mitzunehmen. Sie haben sich entschieden, die angedeutete Sackgasse in der Glaubensweitergabe zu durchbrechen.

2.

Viele von uns fühlen sich nicht imstande, den Glauben an Gott, den Glauben, wie er in der biblischen Tradition und im Zeugnis der christlichen Kirchen formuliert wurde, an ihre Kinder weiterzugeben. Ist das ein Phänomen unserer Zeit? Und typisch für die christlichen Kirchen? Wohl kaum. Der jüdische Schriftsteller Franz Kafka schreibt 1919 im »Brief an meinen Vater« folgendes:

»Ebensowenig Rettung vor Dir fand ich im Judentum. Hier wäre ja an sich Rettung möglich gewesen, aber noch mehr, es wäre denkbar gewesen, daß wir uns beide im Judentum gefunden hätten oder gar, daß wir von dort einig ausgegangen wären. Aber was war das für ein Judentum, das ich von Dir bekam?

Es war ja wirklich, soweit ich sehen konnte, ein Nichts, ein Spaß, nicht einmal ein Spaß. Du gingst an vier Tagen im Jahr in den Tempel, warst dort den Gleichgültigen zumindest näher als jenen, die es ernst nahmen, erledigtest geduldig die Gebete als Formalität, setztest mich manchmal dadurch in Erstaunen, daß Du mir im Gebetbuch die Stelle zeigen konntest, die gerade zitiert wurde, im übrigen durfte ich, wenn ich nur (das war die Hauptsache) im Tempel war, mich herumdrücken, wo ich wollte. Ich durchgähnte und durchduselte also dort die vielen Stunden (so gelangweilt habe ich mich später, glaube ich, nur noch in der Tanzstunde).

So war es im Tempel, zu Hause war es womöglich noch ärmlicher und beschränkte sich auf den ersten Sederabend, der immer mehr zu einer Komödie mit Lachkrämpfen wurde, allerdings unter dem Einfluß der größer werdenden Kinder. (Warum mußtest Du Dich diesem Einfluß fügen? Weil Du ihn hervorgerufen hast.) Das also war das Glaubensmaterial, das mir überliefert wurde, dazu kam höchstens noch die ausgestreckte Hand, die auf die ›Söhne des Millionärs Fuchs‹ hinwies, die an hohen Feiertagen mit ihrem Vater im Tempel waren. Wie man mit diesem Material etwas Besseres tun könnte, als es möglichst schnell loszuwerden, verstand ich nicht; gerade dieses Loswerden schien mir die pietätsvollste Handlung zu sein.« (F. Kafka, Brief an den Vater, in: ders., Hochzeitsvorbereitungen auf dem Lande, Frankfurt 1986, 144f.)

So geht das also. Und zu Recht. Leere bringt Leere hervor. Und es ist die Tat eines starken Bewußtseins, wenn Kinder merken, daß sie zum Narren gehalten werden. Es ist nicht selbstverständlich, daß ein Kind dieses Bewußtsein gegen die Leere und die Lüge durchhält. Viele Kinder geben sich, wenn sie älter werden, geschlagen und werden hart und formell, konservativ und ängstlich.

3.

Das ist der Kern des Judentums: Jedes Kind wird persönlich, in der Praxis des täglichen Lebens, so mit dem Glauben der Eltern konfrontiert, daß es zu fragen beginnt: Was tut ihr denn, was treibt euch dazu, warum und wie kommt ihr darauf? Ihr müßt so leben, daß diese Fragen in einem Kind unweigerlich entstehen, sagt die Bibel. Und wenn sie nicht entstehen, dann müßt ihr euch die Frage stellen, ob ihr mit euren Kindern richtig lebt. Erst dann, wenn diese Fragen entstanden sind, könnt ihr die Geschichte erzählen. Dann erst beginnt die wirkliche Glaubensweitergabe, die Glaubensauslegung, das Glaubensgespräch.

»Wenn dein Kind dich morgen fragt:
Was sind das für Zeugnisse,
Bestimmungen und Rechtsvorschriften,
auf die Er, unser Gott, euch verpflichtet hat?,
dann sollst du zu deinem Kind sagen:
Sklaven des Pharao waren wir in Ägypten,
Er aber, Adonai, führte uns
mit starker Hand aus Ägypten heraus.
Große, unheilvolle Zeichen und Wunder
wirkte er an Ägypten, am Pharao,
an seinem ganzen Haus vor unseren Augen.
Uns aber hat er von dort herausgeführt,
um uns hineinkommen zu lassen
und uns das Land zu geben,
das er unseren Vätern
mit einem Schwur versprochen hatte.
Und er befahl uns, alle diese Bestimmungen zu befolgen,
ihn, unseren Gott zu fürchten,
damit es uns gutgeht alle Tage,
damit er uns Leben gibt, wie es heute geschieht.
Das wird für uns Gerechtigkeit sein,
daß wir alle diese Gebote bewahren und befolgen
vor dem Angesicht Adonais, unseres Gottes.«

Deuteronomium 6,20–25

Das ist das biblische Modell der Weitergabe des Glaubens. Worum geht es? Was wird besprochen, erklärt, weitergegeben? Es ist die Vision des Auszugs, der Befreiung aus dem Sklavenhaus. »Zeichen wirkte er an Ägypten«, das heißt, gegen alle Formen der Unterdrückung. Aus der Praxis, aus der praktischen, täglichen Erfahrung der Befreiung wird die Befreiungsgeschichte erzählt. Und diese Befreiungsgeschichte ist die Geschichte von Gott. Der Inhalt des Wortes Gott, seines Namens, ist: »Befreiung« aus aller Art von Unterdrükkung und Unrecht. Die Bedeutung des Wortes Gott ist: Gerechtigkeit, neue menschliche Beziehungen, die Geschichte als Weg zu einem neuen Himmel-und-Erde, zu einer neuen Welt. Diese »Geschichte«, diese Zukunftsvision, wird weitergegeben, damit in einem Kind die Leidenschaft für Befreiung und Gerechtigkeit geweckt wird; damit es in sich selbst diese Leidenschaft erkennt.

4.

Was ist »Glaubenserziehung«? Sicher nicht, deinen Kindern das Wort »Gott« aufzuschwätzen. Sondern: durch Übung einsehen, was Recht ist; ihnen beibringen, in allen möglichen Situationen zwischen Recht und Unrecht zu unterscheiden. Ein vielschichtiger Lernprozeß. Es geht nicht nur darum, das spontane Gespür, die Intuition zu schärfen, sondern auch das Analysieren und Abwägen (was etwas anderes ist als hin und her schwanken) beizubringen. Bei diesem Lernprozeß kann es dann auch um das Lernen von Liedern, von biblischen Bildern und Geschichten gehen. Aber immer erst an zweiter Stelle und nicht umgekehrt, so scheint mir.

So unterscheiden lernen und aus einem so geformten Gewissen und Bewußtsein heraus wählen, sich entscheiden lernen: das ist »Glaubensweitergabe« und »Glaubenserziehung«. Das Wort »Gott« kann für unsere Kinder nie die »biblische« Bedeutung gewinnen, wenn sie nicht in der Praxis ihres täglichen Lebens lernen, was recht und was schlecht ist und wenn in ihnen nicht die Leidenschaft für Befreiung, der Hunger nach Gerechtigkeit genährt wird. Daher müßt ihr ihnen auf der Weltkarte zeigen, wo unterdrückt wird und wo befreit werden muß. Und daher müßt ihr noch eine Menge anderer Dinge tun. Was das Herz euch sagt? Ja, zumindest dann, wenn euer Herz ein entwickeltes Gehör für die Worte der Schrift und für das Wort der Tatsachen hat; wenn euer Herz bereit dazu ist, auf das Herz und den Verstand anderer zu hören, und wenn es gelernt hat, auf das Schreien und Weinen von Menschen in Not zu hören – dann, ja dann müßt ihr tun, wozu das Herz euch drängt.

5.

Über Befreiung und Gerechtigkeit sprechen, über Sklaverei und Unrecht also, auch über dein eigenes Gefangensein und Versklavtsein und über deine eigene Hoffnung, kommt noch vor den Worten über Gott. Es ist auch ein Gespräch zwischen Älteren und Jüngeren denkbar, in dem weitaus härtere Worte fallen und Bruchlinien sichtbar werden als bei heute üblichen Auseinandersetzungen über Glaubensfragen. Stellt euch vor, daß eure Kinder zu euch sagen: Ihr redet zwar über Gerechtigkeit, aber ihr lebt selbst wie Heuchler, auf Kosten von anderen – ihr redet zwar über gleiche Rechte für alle, aber schaut euch mal an, wie ihr mit eurem eigenen Mann, eurer eigenen Frau umgeht. Und daß ihr uns nicht erklären konntet, warum es so viele verschiedene Kirchen gibt oder ob es ein Jenseits gibt – na gut. Aber daß ihr ohne Hoffnung auf politische und gesellschaftliche Erneuerung lebt; daß es immer so weitergehen soll; daß ihr die Chancenlosen dieser Gesellschaft nicht von den Chancenreichen unterscheiden könnt; daß ihr über rassistische Witze lacht; daß ihr auch der Meinung seid, der Mindestlohn könnte noch geringer sein? Und ihr habt uns so schöne biblische Lieder beigebracht und so spannend von Auszug und Einzug erzählt! Seid ihr selbst irgendwann einmal aus irgendeinem Sklavenhaus ausgezogen? Ich habe nie etwas davon gemerkt. »Wenn dein Kind dich morgen fragt und sagt ...«

6.

Ein Kind muß im Tun der Gerechtigkeit erzogen werden. Menschen können ihre Kinder auf diese Vision hin ausrichten, daß sie sehen und hören, unterscheiden und aushalten lernen. Man kann Kinder aber auch behindern, ihnen diese

Sicht versperren, ihnen die Ohren taub schwätzen, ihr Herz und ihren Verstand auf Unterwürfigkeit drillen, Ergebung einreden, Zynismus predigen. Ihr könnt die Leidenschaft für Recht verhöhnen. Das heißt ein Kind klein halten, klein machen, infantil. Das Evangelium sagt dazu: Ärgernis geben. Ihr könnt Kindern das Fragen abgewöhnen und ihnen das Leben so vorleben, daß in ihnen nichts mehr vom Glauben an eine andere als die bestehende Welt aufkommen kann.

Ihr könnt ihnen aber auch eine Zukunft geben, ihr könnt sie mitnehmen in diese Glaubensgeschichte Israels und ihnen Jesus von Nazaret und die Schriften über ihn als Anführer und Begleiter auf dem langen Weg empfehlen. Euer Kind taufen lassen bedeutet nicht mehr und nicht weniger als dieses Vorhaben aussprechen.

7.

Als zwei der Jünger Jesu ihn fragten, ob sie in der kommenden Welt neben ihm thronen werden, fragte er sie: Könnt ihr den Becher trinken, den ich trinken werde? Könnt ihr die Taufe empfangen, die ich auf mich nehme? Könnt ihr die lebenslange Feuertaufe auf euch nehmen: zu denen gehören, die in dieser Welt kein Recht, keine Zukunft, keinen Anteil am Leben haben?

Eure Kinder im Namen Jesu taufen lassen und sie mit dem Zeichen des Kreuzes, dem Zeichen seiner Lebenswahl bezeichnen lassen, das bedeutet, daß ihr zu dem Wunsch steht, die Kinder mögen in seinem Geist leben.

»Lebe in seinem Geist«, von dem, was ihn erfüllt und treibt, von ihm beseelt und inspiriert werden – das heißt: »auf seinem Weg gehen«. Sein Weg aber ist ein Weg, der an den Rand führt. Auf diesem Wege kommen sie euch entgegen, all die Armen und Unglücklichen, die unterdrückten Menschen, die nicht stark genug sind, sich aufzurichten, all die Ungetrösteten. Auf seinem Weg, hinter ihm hergehen heißt – mit einem Bild des Evangeliums – das Kreuz der Brüderlichkeit tragen, der Solidarität mit allen Verworfenen.

Wenn ihr euer Kind mit dem Zeichen des Kreuzes bezeichnen laßt, dann sprecht ihr die Hoffnung aus, daß es in der Kraft wachsen möge, entrechteten und ungetrösteten Menschen ein Nächster zu sein. Und ihr sprecht die Hoffnung aus, daß ihr das eurem Kind vorleben werdet. Wohin das führen kann, was da in unvorhergesehenen, plötzlichen, entscheidenden Augenblicken eures Lebens geschieht, das könnt ihr erst viel später erzählen.

Ihr gebt euch keiner Illusion hin, daß viel in eurer Macht läge. Ihr wißt, intuitiv und aus der Erfahrung mit euch selbst und mit euren Eltern, daß sich nichts erzwingen läßt und kaum etwas zu planen ist. Aber das ist euch doch bewußt, daß ihr die ersten seid, an die sich euer Kind richten wird: So wie sie von euch die Wörter lernen und die Liebe, so auch die Geschichten über Jesus und seinen Gott, und das ist eine Erzählung von einer anderen Welt als dieser bestehenden, zerstrittenen, kriegslüsternen Welt, in der das Recht des Stärkeren herrscht. Eine jahrhundertealte, noch nicht in Erfüllung gegangene Vision einer Friedenswelt, das ist die Geschichte von Jesus und seinem Gott. Nach dieser Welt verlangen heißt: Im Geiste des Sohnes und des Vaters leben.

Taufformel

Wer bittet, »im Namen Jesu« getauft zu werden,
gibt zu verstehen:
Ich will in seinem Geist leben
und den Weg gehen, den er gegangen ist.

Er ist den Weg Israels gegangen,
wie er von Mose und den Propheten gelehrt wurde,
zehn Worte der Befreiung,
eine Vision von Frieden durch Gerechtigkeit.

Wer bittet, im Namen Jesu getauft zu werden,
gibt zu verstehen: Ich will auf diesem Weg gehen,

mitgehen mit dem Auszugsvolk
vom Tod zum Leben, hinter ihm her,
auf dem Weg durch die Zeit.

Wenn es Ihr heiliges Vorhaben ist,
Ihre Kinder auf diesem Weg mitzunehmen
und zu begleiten,
dann werden wir sie jetzt taufen und segnen,
verbunden mit allen,
die, wo auch immer in der Welt,
an der Vision Jesu aus Israel festhalten:
neue Welt in Gerechtigkeit und Frieden.
So möge es sein.

Mit welchem Namen soll dieses Kind genannt werden?

..., ich taufe dich im Namen Jesu,
im Geist Gottes,
des einen und ewigen Gottes –
gedenke seines Wortes,
daß er zu dir gesprochen hat,
lebe dann im Namen des Vaters,
des Sohnes und des Heiligen Geistes.
So möge es sein.

Für die Kinder, die wir getauft haben, beten wir:
daß sie gut werden und das Glück finden,
daß sie anderen zum Segen werden.
Mögen sie Menschen finden, die ihnen gnädig sind
und in Freundschaft zu ihnen halten;
und daß sie stets, wo auch immer in der Welt,
eine Gemeinde finden, die dürstet nach Gerechtigkeit
und die von dem Wort lebt,
daß ›bei Gott nichts unmöglich ist‹.

Du bist Gott, du allein.
Liebe bist du.

Sieh diese Menschen und ihre Kinder,
segne sie, jeden einzelnen und alle zusammen,
verlaß nicht das Werk deiner Hände,
laß sie wachsen und nicht verkümmern,
laß sie nicht sterben vor Durst.
Taufe sie mit Feuer, daß sie festhalten an der Liebe.

Taufen ist segnen mit Wasser

Taufkatechese für Kinder von sieben bis zwölf Jahren, wie sie auch bei einem Kinder-Wortgottesdienst gehalten werden kann.

Hier und da kann man noch hören: Wenn Kinder geboren werden, dann sind sie die Kinder ihres Vaters und ihrer Mutter; wenn sie aber getauft werden, dann sind sie Kinder Gottes. Eine seltsame Geschichte. Wer so denkt, hat leicht die Vorstellung, es sei natürlich viel besser, ein Kind Gottes zu sein, und jeder, der nicht getauft (und darum kein Kind Gottes) ist, sei eigentlich viel weniger gut und ziemlich arm dran – nicht so glücklich, eine geringere Art von Mensch. Das alles könnte man denken, und Millionen Menschen haben das auch gedacht. Ich meine: Wenn es Gott gibt, dann sind alle Kinder, die geboren werden, seine Kinder, ob sie nun getauft sind oder nicht.

Ich weiß nicht, ob ihr denkt oder glaubt, daß es Gott gibt. Und wenn du glaubst, daß es ihn gibt, wie du ihn oder sie dir dann vorstellst. Denkst du dann an viele Farben, Blau mit Grün und Weiß und Rot oder an Grau mit Dunkelviolett und Braun? Denkst du an ein großes Licht oder ein schwarzes Loch? Denkst du an sanft und warm und doch fest, an Streicheln und Singen? Oder aber an streng und vornehm und schimpfen? Ich denke, wenn ich mir Gott vorstelle, an viele Farben, an großes Licht und an Singen, auch an Menschen, die einander gerne haben und die versuchen, miteinander gut auszukommen. Menschen, die einander quälen, im Stich lassen und umbringen: Wenn es Gott gibt, dann weint er darüber.

Ich denke, daß Gott, wenn es ihn gibt, sich nicht so wichtig nimmt. Daß er nicht viel über sich redet und ziemlich bescheiden ist, daß er keine große Show macht, wenn er irgendwo hinkommt – wenn er hier wäre, würdest du nicht sehen, daß er hier sitzt, meine ich. Und nur dann, wenn du sehr gut zuhörst, würdest du hören, daß er ganz leise mitsingt. Ich denke, daß Gott uns wichtiger findet als sich selbst; und daß er vor allem die kleinsten Menschen, die schwächsten, am wichtigsten findet. Die Menschen, die am wenigsten besitzen, die die geringsten Chancen auf Glück haben, die hält er für die wichtigsten. Wenn er hier wäre, würde er wahrscheinlich sagen: Mach dir um mich keine Sorgen; es geht mir, was mich betrifft, gut. Aber ich bin gar nicht für mich da, sondern – mit dem und mit der da, diesem Kind, dieser alten Frau, diesem jungen Mann im Gefängnis, ihnen geht es nicht gut, um sie mußt du dir Sorgen machen. Das würde er sagen, denke ich.

Durch das Lesen in der Bibel bin ich auf diese Idee gekommen. In der Bibel steht die Geschichte von einem Gott, der die Menschen wichtiger findet als sich selbst und der eigentlich nichts anderes zu sagen hat als: Sorgt gut füreinander; seid gerecht; schaut doch mal, wie wunderbar, wie kostbar jeder Mensch gemacht ist; geht um Gottes Willen vorsichtig miteinander um.

In der Bibel wird erzählt, daß Gott, nachdem er die ersten Menschen, einen Mann und eine Frau, gemacht hatte, sie gesegnet hat. Er schaute sie an und sagte: Ja, ich sehe, ihr seid sehr gut; ich hoffe, daß ihr nun zueinander gut seid und zur Erde und zur Luft, zum Wasser und zu den Tieren. Und daß eure Kinder gut sind – ... und so weiter, bis die Welt voller Glück ist. Viel Glück, ihr Menschen!, sagte Gott zu den ersten Menschen. Das ist segnen: jemandem viel Glück wünschen.

Taufen ist segnen. Es heißt: das tun, was Gott am Anfang der Bibel getan hat. Zu neugeborenen Kindern sagen: Ihr seid gut, und es ist sehr gut, daß es euch gibt; willkommen und viel Glück; wir hoffen, daß es euch nie leid tun wird, daß ihr geboren wurdet, und wir hoffen, daß ihr später starke, liebe und gerechte Menschen werdet.

Taufen ist segnen mit Wasser. Wer neugeboren ist, muß noch wachsen. Wo Wasser ist, da gibt es zu trinken, da kann es wachsen. So wie es auch im Lied heißt: Es regnet, es segnet.

Wenn man Kinder tauft, dann spricht man einen Segenswunsch aus, dann wünscht man ihnen, daß sie wachsen mögen, daß sie zu trinken haben mögen. Daß sie nicht vertrocknen und verschrumpeln, sondern daß sie leben und blühen, so wie Bäume blühen, wo es Wasser gibt, und Blumen an kleinen Seen in der Wüste, Blau mit Grün und Weiß mit Rot.

Weißt du, was segnen auch noch ist? Singen, jemandem zusingen: Hoch soll er leben! Oder etwa: Gespenster gibt es nicht, Freunde aber gibt es wohl. Freunde gibt es, das klingt ein wenig wie »Gott gibt es«. Und winken, daß sie willkommen sind. Jemandem zuwinken ist auch segnen.

Ich muß noch etwas erklären. Jetzt gleich, wenn wir taufen werden, sage ich: Ich taufe dich im Namen Jesu – weil ich meine, daß Jesus ein sehr guter und starker und lieber und gerechter Mensch war, ein Lichtmensch. Und wenn ich dann sage: Ich taufe dich im Namen Jesu, dann meine ich: Ich wünsche dir, daß du so gut wirst wie er.

Himmelfahrt

Die Königsherrschaft des Geistes

1.

Der Weg des Menschen ist ein Weg durch die Wüste, hin zum »Land« der ewigen Verheißung. Von dem verheißen, dessen Name lautet »Ich werde da-sein« und der mit Zehn Worten der Befreiung dem menschlichen Leben Richtung und Zukunft gibt: Du sollst zu mir gehören, du sollst keinen fremden Göttern hörig sein, du sollst deinen Nächsten lieben, den Fremden bei dir; nicht töten sollst du. Worte der Befreiung, in denen »das Land« bereits eingeschlossen ist. Tu das, und du wirst leben; tu das nicht, und keine Gesellschaft, kein Land kann existieren.

Unter der Führung von Moses Nachfolger Josua wurde das verheißene Land in Besitz genommen, trotz einem Haufen Feinde, einer Horde Könige. Und unter der Führung begnadeter Männer und Frauen, Richtern wie Debora, Gideon, Jiftach, Simson versuchten die »Kinder Israels«, die zwölf Stämme, im Land zu leben, in Freiheit, in Recht und Frieden. Aber das gelang nicht. »Jeder tat, was ihm paßte.« – Die Zehn Worte verstummten, und sogar die Vision einer menschenwürdigeren Gesellschaft verlosch.

Dann wird Samuel berufen. Als die Israeliten auch unter seiner Führung nicht zur Ruhe und zum Frieden kommen und die Bedrohung durch die Feinde, die Könige der Philister, nicht aufhört, wollen sie einen König haben, der ihre Kriege führen und gewinnen soll. »Und der eure Söhne holt, daß sie vor seinem Wagen herlaufen«, warnt Samuel, und der das Beste der Ernte fordert, um seine Höflinge damit zu versöhnen. Und sie bekommen ihre Könige, Saul, David, Salomo.

Die Bibel läßt uns über diese Königsherrschaft nicht im unklaren. Die Erzählungen darüber sind mit prophetischer Hand in einer Zeit geschrieben, in der die Leute seufzen und stöhnen, die am meisten unter der Königsherrschaft zu leiden haben. Die Geschichten verkünden, daß kein Machtsystem, der Gesellschaft von oben auferlegt und aufgezwungen, eine menschenwürdige Gesellschaft zustande bringen wird, sondern nur das Erfüllen der Tora, der Zehn Worte des »Ich werde da-sein«.

Das ist »die Botschaft« der ganzen Königsgeschichte Israels und der Propheten, von Elija bis Johannes dem Täufer: Einzig im Tun der Gerechtigkeit, von unten, kommt das Königreich, nicht das von Saul und David und Salomo, sondern das Königreich von Ihm.

2.

Jesus und seine Jünger sind zum letztenmal beieinander, wahrscheinlich am Abhang des Ölbergs. Mit diesem Bild endet das erste und beginnt auch das »zweite« Buch des Lukas, die Apostelgeschichte. Er hat ihnen aufgetragen, in Jerusalem auf die »Verheißung des Vaters« zu warten; in wenigen Tagen werden sie mit dem Heiligen Geist getauft werden. Sie fragen ihn: Wirst du dann die Königsherrschaft in Israel wieder einrichten? Die Antwort ist ausweichend: Tag und Stunde weiß der Vater. Worauf es ankommt, ist vielmehr: keine Königsherrschaft mehr, sondern »Heiliger Geist«. Diese Worte weisen auf eine andere Herrschaft hin, einen anderen Aufbau der menschlichen Gemeinschaft. Nur im Geist der Geschwisterlichkeit und gegenseitiger Dienstbereitschaft kann Freiheit, Recht und Friede wachsen. Laßt den Geist König sein, den Geist der Tora. Eine Königsherrschaft von unten, von innen. Der Geist wird die Tora in die Herzen der Menschen schreiben, und die Jünger Jesu werden Zeugen dieser Geistausgießung über alles Fleisch sein, die von Israels Propheten vorhergesagt wurde, »bis an die Grenzen der Erde«.

Am Anfang seines »ersten Buches« hat Lukas dem Boten Gottes Gabriel die Worte in den Mund gelegt, daß es ein Königreich ohne Grenzen und Ende geben werde: das Königreich des Heiligen Geistes – ein weites, einst verheißenes, noch nie gesehenes neues Land.

3.

»Eine Wolke verbarg ihn vor ihren Augen.« Er ist weg, wir werden ihn nicht mehr leiblich sehen. Wir haben von ihm nichts anderes als das Wort, mit dem er uns aufeinander verweist – das Wort-von-Gott, das er selbst im Fleisch geworden ist: »Liebt einander«, Wort von Anfang an. Erstes und letztes Wort eines Königreiches über alle Grenzen hinweg.

Er sprach zu ihnen:
Dies sind die Worte, die ich euch gesagt habe,
als ich noch bei euch war:
daß alles erfüllt werden muß,
alles das, was in der Tora des Mose,
bei den Propheten und in den Psalmen
über mich geschrieben steht.

Dann öffnete er ihren Sinn,
daß sie die Schrift verstehen.
Und er sprach zu ihnen: So steht geschrieben:
Der Messias wird leiden
und auferstehen von den Toten am dritten Tag,
und in seinem Namen
wird allen Völkern verkündet werden:
Umkehr zur Vergebung der Sünden.
Angefangen von Jerusalem aus, seid ihr Zeugen dafür.
Und siehe, ich sende

die Verheißung meines Vaters auf euch herab.
Bleibt also in der Stadt, bis ihr bekleidet werdet
mit der Kraft aus der Höhe.

Er führte sie hinaus in die Nähe von Betanien.
Er erhob seine Hände und segnete sie.
Und es geschah, während er sie segnete,
daß er wegging von ihnen
und hinaufgenommen wurde in den Himmel.
Und sie warfen sich vor ihm nieder auf die Erde.
Dann kehrten sie nach Jerusalem in großer Freude zurück.
Und sie waren alle Zeit im Tempel und segneten Gott.

Lukasevangelium 24,44–58

Pfingsten

Heiliger Geist, Gott in Menschen

1.

Wenn dein Kind dich fragt: »Opa ist tot, wo ist er jetzt?«, dann kannst du sagen: Er ist eine kleine Flamme in der Sonne geworden. Wenn Opa ein warmherziger, leuchtender, ausstrahlender Mann war, dann ist das keine verrückte Idee. Und wenn er eher ein zurückhaltender, kühler Mensch war, dann liegt derselbe Gedanke nahe. Dieses Feuer in uns, dieses Licht in uns, das kommt von irgendwo her und bleibt irgendwo. In der Sonne. In dieser Lebensquelle, die für alle da ist und allen zuteil wird, dort bleibt es. Natürlich: sozusagen. Im Bild gesprochen. In Bildern und Gleichnissen. Die aber sagen mehr über ein Menschenleben als: tot ist tot. Und auf jeden Fall: mehr als nichts.

2.

Über den Geist Gottes mit Worten zu sprechen wie »Wind, Feuer, Licht, Lebensatem« oder ihn »Mutter aller Lebenden, Vater der Armen« zu nennen, ist Bildersprache. Ist der Heilige Geist der Wind in den Bäumen, der Sturmwind, der in die Eichen fällt, so wie die Liebesleidenschaft in die Menschen fällt, wie Sappho sagt? Leidenschaft von Leib zu Leib nenne ich nicht »heiligen Geist«, sowenig wie die Brandung des Meeres und die Feuersglut der Sonne. Leidenschaft aber für Gerechtigkeit und Frieden, Glut des Erbarmens, das nenne ich heiligen Geist. Ist der Heilige Geist unser Lebensatem? Wenn wir aus Gott, der Erbarmen ist, geboren sind, dann ist er der Atem dieses »ewigen Lebens«.

Heiliger Geist ist Kraft-in-Menschen; eine Gegenkraft, Wärme-Kraft gegen das, was hart, kalt und Stein in uns ist. In dem Maß, wie sich Menschen enger aneinander binden, für gute und für schlechte Tage, kommt die heilige Gegenkraft über sie – wenn sie auf Leben und Tod miteinander Dach und Tisch teilen wollen. »Dach und Tisch teilen« ist Bildersprache und bedeutet: bereit sein, mit den Armen Brot und Lebensweg zu teilen, mit Unglücklichen dein Lebenslicht.

»Atem, Feuer, Licht« sind die klassischen Worte, mit denen der Heilige Geist angerufen wird. Komm, Heiliger Geist, erfülle die Herzen deiner Gläubigen und entzünde in ihnen das Feuer deiner Liebe. »Veni creator spiritus – Komm, Schöpfer Geist«, singt unsere Mutter, die lateinische Liturgie.

Erschaffen heißt bewohnbar machen; Chaos in einen Tisch verwandeln, an dem deine Kinder essen können; Schutt wegräumen; tiefsitzende Krankheitsherde heilen – Verzweiflung, Selbstverdammung, Gedankenlosigkeit. Erschaffen heißt »aus nichts etwas machen«, sagen die Philosophen. In der Bibel ist »nichts« ein anderes Wort für »menschenunwürdig«. Erschaffen heißt menschenwürdiges Leben ermöglichen. Heiliger Geist-in-uns ist Schöpferkraft: die Fähigkeit, aus dieser Welt eine Kette bewohnbarer Orte zu machen, eine Spur (eine Tradition) von Oasen in der Wüste.

3.

In der Geschichte läßt sich eine Spur von Sinnworten erkennen, die uns zum Gewissen geworden sind: die Tradition der Tora. Die Tora ist das Wort Gottes. Der Geist Gottes ist der Geist der Tora. In den Worten der Tora ist der Geist Gottes uns gegeben. »Nicht töten, einander liebhaben, recht tun«, das geschieht in seinem Geist. Die Kraft dazu ist sein Geist in uns, Schöpfungskraft – nur in diesem Geist und aus der Kraft dieser Worte wird die Erde zu einem bewohnbaren Ort. Unser Wissen um diese Worte, daß sie wahr sind und daß sie zu befolgen sind – unser Gewissen –, ist Gottes Wort in uns.

Der Tag, an dem der Geist Gottes gegeben wurde, wird im Buch des Auszugs »der fünfzigste Tag« genannt, der fünfzigste Tag nach Pesach (Ostern), dem jüdischen Befreiungsfest.

Im dritten Monat
nach ihrem Auszug aus dem Lande Ägypten,
am fünfzigsten Tag,
kamen die Kinder Israels in die Wüste Sinai,
und sie schlugen ihre Zelte auf am Fuße des Berges.
Mose ging hinauf zu Gott. Eine Wolke bedeckte den Berg.
Donnerschläge ertönten, Blitze durchschnitten die Wolke.
Dann erklang vom Berg her die Stimme,
und Gott sprach diese Worte:

Ich, ich werde da-sein.
Ich, der Gott, der dich herausgeführt hat
aus dem Lande Ägypten, aus dem Sklavenhaus.

Du sollst keine anderen Götter haben
vor meinem Angesicht,
kein Gottesbild und kein Abbild von etwas,
das im Himmel oder auf Erden ist.
Du sollst meinen Namen nicht sinnlos gebrauchen.
Gedenke des siebten Tages.
Sechs Tage sollst du arbeiten, soviel du kannst.
Der siebte aber ist zum Ruhen.
Denn an sechs Tagen hat er Himmel, Erde, Meer
und alles geschaffen, aber am siebten – da ruhte er.

Verleugne nicht deine Vorfahren;
deinen Vater, deine Mutter, halte sie in Ehren;
und die Worte, die sie dich gelehrt haben -
dann wirst du viele Tage leben auf Erden.
Nicht töten. Nicht ehebrechen. Nicht stehlen.
Nicht falsches Zeugnis geben gegen deinen Nächsten.
Nicht sein Haus begehren, seine Frau,
seinen Knecht, sein Vieh – nichts von ihm.

Exodus 19–20 (frei bearbeitet)

Da standen sie am Fuße des Berges – sie? Wir. Ich. Ich stand da, in der Menge; ich war die Menge. So, wie ich jeder einzelne und die ganze Menschheit bin, Adam. In meiner eigenen Sprache empfing ich das Wort, und Widerhall fand es in meiner eigenen Sprache – ich wurde so angesprochen, wie ich geschaffen und gesehen und erkannt bin (»Ich war noch nicht geboren, da hattest du mich schon gesehen«, Psalm 139).

Kein Mensch ist Nicht-Adam, Nicht-ich. So denkt die biblische Glaubenserzählung über Menschen. Niemand bleibt von dieser Sinai-Stimme unangesprochen. In der jüdischen Auslegung dieser Erzählung vom fünfzigsten Tag, in der »mündlichen« Lehre, die innerhalb der jüdischen Tradition die geschriebene Geschichte weiter begleitete, wird festgestellt, daß die Tora in allen Sprachen der Welt gegeben wurde. Damit niemand sagen kann: »Ich wußte nichts davon. Nicht töten? Nie davon gehört.«

In diesem Bild von der Stimme, die die zehn Freiheit schaffenden, Menschengemeinschaft stiftenden Worte spricht, und von der hörenden »Gemeinde« der Israeliten ist die Geburt des Gewissens dargestellt. Seitdem wissen wir, was wir zu tun und zu lassen haben, was verhindert und was geheilt werden muß. Bin ich der Hüter meines Bruders? Ja, ich.

Was weiß ich von meinem Gewissen? Daß in mir mehr Kraft steckt als die vitale Kraft der Selbstbestätigung und der Selbstentfaltung: die Kraft, meine Freiheit einzuschränken, damit mein Bruder leben kann. Rechttun ist Einschränkung des »Rechts des Stärkeren«, damit auch die anderen, die weniger Starken, leben können. Diese Gewißheit nennt die Bibel »Wort Gottes«.

4.

Der Tag, an dem der Heilige Geist der Tora »über allem Fleisch ausgegossen wurde«, so wie die Propheten vorhergesagt hatten, wird »fünfzigster Tag« genannt. Am fünfzigsten Tag, im dritten Monat – nach der Kreuzigung, dem Tod und dem Begräbnis Jesu von Nazaret –, damals, als wir noch dachten: Dieses Ende war das Ende von allem, so wie er tot dalag, wie ein zerstörter Tempel – am fünfzigsten Tag saßen wir an einem Tisch, unter einem Dach.

Und es geschah:
Plötzlich aus dem Himmel ein Geräusch,
wie von einem gewaltig dahinfahrenden Atem,
und voll davon wurde das ganze Haus, in dem sie saßen.
Und es wurden von ihnen gesehen:
Zungen wie von Feuer, das sich in Flammen zerteilt,
und es setzte sich auf jeden von ihnen.
Und alle wurden mit Heiligem Geist erfüllt.
Und sie fingen an, mit anderen Zungen zu reden,
so wie der Geist ihnen zu reden eingab.
Nun waren da Leute, die anderswo lebten,
sich aber nach Jerusalem ausrichteten,
gottesfürchtige Männer,
aus allen Völkern unter dem Himmel stammend.
Als die Stimme geschah, lief die Menge zusammen
und ward bestürzt, denn jeder hörte sie
in seiner eigenen Sprache sprechen.
Und sie gerieten außer sich, wunderten sich und sagten:
Sind nicht, siehe, diese alle, die da sprechen, Galiläer?
Und wir, wieso hören wir, jeder von uns,
sie in unserer eigenen Sprache, in der wir geboren sind –

Parther und Meder und Elamiter
und die in Mesopotamien, in Judäa,
in Kappadozien, in Pontus und Asia,
in Phrygien und Pamphylien,
in Ägypten und den Gebieten Libyens bei Cyrene
und die hier wohnenden Römer,
Judäer und Proseliten auch, Kreter und Araber –
wieso hören wir sie in unseren eigenen Sprachen
über die Großtaten Gottes sprechen?
Und alle gerieten außer sich
und wußten nicht mehr ein und aus.
Einer sagte zum anderen: Was bedeutet das?
Andere wiederum spotteten und sagten:
Die da sind voll von süßem Wein.

Apostelgeschichte 2

Und dann folgt die große Ansprache des Petrus, in der der gekreuzigte Jesus als Messias für Israel und die Völker ausgerufen wird. In der jüdischen Erwartung ist »Messias« der, der Israel und die Völker in Frieden zusammenbringen und der die trennenden Mauern niederreißen wird.

5.

Wenn »Heiliger Geist« ohne Unterschied über »alles Fleisch« ausgegossen wird und alle trennenden Mauern, alle Sprachbarrieren zwischen »allen Völkern unter dem Himmel« niedergerissen werden – ist dann nicht der Messias gekommen?

Er ist in Jesus gekommen, prophezeit der heftige, Torafromme Paulus. Die Damaskusstunde, in langen Wüstenjahren vertieft und deutlich geworden, die Jesuserscheinung, die er als letzter der Apostel empfangen hatte, war die Vision der niedergerissenen Mauern; Juden und »Völker« an einem Tisch, Sklaven und Herren, die einander die Füße waschen, Männer und Frauen gleichwertig. Und die Gemeinde, die »ekklesia«, ist der Ort, an dem das geschieht und der Geschichte macht. »Nicht mehr Jude oder Grieche, nicht mehr Knecht oder Herr, nicht mehr Mann oder Frau – alle seid ihr eins, eine Menschheit, im Messias Jesus« (Gal 3,28).

Nur in diesem »Heiligen Geist« ist eine menschliche Gesellschaft möglich, sagt Paulus. Und er geht noch weiter: Wer dagegen unter Berufung auf den »Buchstaben« der Tora die trennenden Mauern aufrechthält oder neuerrichtet, der macht die Tora zu einer tödlichen Einrichtung. Wenn er zum Beispiel die Beschneidung den »Kindern der Völker« auferlegen will, die durch Jesus zum Gott Israels gekommen sind.

Dieses leidenschaftliche, ungeschminkte, einseitige, folgenschwere Urteil des Rabbinenschülers Paulus über seine eigene religiöse Tradition hat in der »Jesus-Gemeinde-aus-den-Völkern« zu unerleuchteten und bösartigen Urteilen über das Judentum geführt. Und es hat die Rabbinen in ihrer Auffassung bestärkt, daß sie die »Gemeinde-der-Kinder-Israels« durch eine möglichst buchstabengetreue Torabefolgung festigen und für die Zukunft bewahren müßten.

6.

Und so geschah es, daß die »Ekklesia« (ein Wort von Paulus) und die rabbinisch-jüdische Gemeinde getrennte Wege gingen. Als sich der Kaiser der Völker, Konstantin von Rom, im Jahr 311 dem Christentum zuwandte, wurde die Jesus-Gemeinde (die lange im Untergrund lebte und bestenfalls geduldet wurde), zur »offiziellen Kirche«, Trägerin der einen wahren christlichen Religion, und diente zur Legitimation (als »ideologischer Überbau«) des auf irdische Macht gerichteten Staatssystems Konstantins und seiner Nachfolger. Das rabbinische Judentum, das sich eigensinnig von aller irdischen Macht fernhielt, wurde durch das einflußreich gewordene Christentum in Gettos verbannt, verfolgt, zur »Bekehrung« gezwungen oder umgebracht.

In der Erscheinungsform und im Zeugnis der »offiziellen« christlichen Kirchen »funktioniert« Jesus nicht als Messias. Israel und die Völker leben nicht in Frieden miteinander. Die trennenden Mauern sind noch nicht eingerissen, Pfingsten ist noch weit weg. Die Vision der Propheten Israels bis hin zu Paulus und zusammen mit ihm ist immer noch Zukunftsvision.

7.

Wir feiern nicht, was geschehen ist,
sondern was noch geschehen wird.

Dreifaltigkeitssonntag

Der Name

Mensch geworden, herabgestiegen

1.

Der Gott der Bibel der Juden ist weder Mensch noch Tier, er ist weder Fleisch noch Fisch, weder Sonne noch Mond, sondern er wird Gott der Herr (oder sogar »unser lieber Herr«) genannt, und in Liedern und Gebeten heißt es: Er, und: allmächtiger Vater. Ist Gott ein Mann? Oder ist er »männlich« (etwas weniger »Mann«)? Erfährt man ihn auf die Weise, wie Männer sich selbst und andere erfahren? Oder so, wie Frauen Männer erfahren? Das sind zweifellos verschiedene Erfahrungen. Es gibt darin aber etwas Gleichbleibendes, und dieses wird »Er« genannt. Inwieweit findet die noch immer übliche Zurücksetzung von Frauen, sicherlich auch in den Kirchen, eine Stütze in dieser Sprache?

Gibt es eine Möglichkeit, dieses deprimierende Problem wenigstens in unseren Gebeten zu überwinden? »Du, der du über die Menschen hin ›Gott‹ genannt wirst. Über Knecht und Herr, Jung und Alt, Mann und Frau, Weiß und Schwarz, über alle unsere Gestalten und Gegenüberstellungen hinweg nennen wir dich so, wie du seit jeher in Israel erkannt werden willst: Ich werde da-sein. Quelle des Lichts, Schoß des Lebens, Herz, größer, als unser Herz ist.«

In der biblischen Glaubenserzählung wird von »Ich werde da-sein« gesagt, daß er keine Gestalt besitzt. Er ist nicht zu sehen; nur eine Stimme, die »aus dem Feuer« zu hören ist:

»Wir haben ihn aus dem Feuer sprechen gehört. Wir wissen jetzt, daß ein Mensch am Leben bleiben kann, wenn Gott zu ihm spricht« (Dtn 5,24). Dieser Gott läßt sich nicht abbilden, ob in Gestalt eines Mannes, einer Frau, eines Vogels, eines Lammes oder eines Stieres. Nur »Menschheit« ist sein Bild: »Männlich-weiblich« schuf er sie. Männlich-weiblich ist Gott. In dieser Reihenfolge? Ja, in dieser Reihenfolge; sie ist in der Schöpfungsgeschichte, die sich im Garten abspielt (Gen 2), ein Stilmittel, um unvergeßlich ins Gedächtnis einzuprägen, daß das erste (männlich) ohne das zweite nichts als Einsamkeit und wortloses Unglück ist.

Danach wird Gott in der ganzen Bibel »Herr« genannt, aber auch Held, König und Vater. Er wird zwar wegen seines leidenschaftlichen Eintretens für die Armen und Entrechteten, mit einer schreienden Frau verglichen, schreiend wie in Geburtswehen, und seine Liebe mit der Liebe einer Mutter. irgendwo aber steht »sie«, wenn von ihm gesprochen wird. Nirgendwo steht, daß Gott die Königin dem Himmels sei, nirgendwo heißt es: Gott, unsere Mutter. In der Welt, in der die biblische Glaubenserzählung formuliert wurde, thronten viele Königinnenmütter neben Königen, die sich »Herr« und »Meister« nennen ließen (im Namen ihres Gottes, der »Oberherr« und »Oberster Meister« hieß oder »Baal«) und die Großmeister der Unterdrückung und der Ausbeutung waren. Auf ihren Knien wiegten sie ihre erstgeborenen Söhne, die diese Macht und Herrlichkeit übernehmen würden, und so würde alles bis in alle Ewigkeit bleiben: die Unterdrückten unterdrückt.

»So wird es nicht bis in alle Ewigkeit bleiben«, rief eine Stimme aus dem Feuer. »Ich habe die Unterdrückung meiner Menschen gesehen. Ich habe ihr Schreien gehört. Darum bin ich herabgestiegen.« Wie bitte? »Ja, ich bin herabgestiegen, um sie zu befreien. Und du: Geh zu den Menschen in Not, steig zu den Menschen herab, die befreit werden müssen.« Wer bist du, Stimme? »Ich bin der, der dich zu Menschen in

Not schickt. Ich bin der, der sagt: Befreit einander.« Und als sie sich (durch den Auszug) befreit hatten, da nannten sie diese Stimme ihren Gott und Herrn. Mächtiger, menschenwürdiger, göttlicher, glaubwürdiger als all die anderen Herren und Herrscher, die Baalssöhne und Henkersknechte ist diese Stimme.

Und so geschah es, daß wir diesen gestaltlosen, bildlosen Gott den »Herrn« nannten. Dieser Nicht-Gott, dieser Nicht-Unterdrücker: dieser allein ist Gott. »Er unser Gott, er ist einer«, sagt das »Schᵉma Israel – Höre, Israel«, der Text, der im Judentum als das einzige Glaubensbekenntnis gilt und im Morgen- und Abendgebet gesprochen wird.

»Er einer« bedeutet: daß er der einzigartige, der einzige ist und keiner sonst. Hat je ein anderer Gott dich befreit? Bleibe bei diesem deinem Befreier, oder: Hab ihn lieb, deinen Gott.

Er ist auch »einer« in der Bedeutung von »nicht zwei« (nicht Licht und Dunkel), nicht zweideutig (anziehend und abstoßend, faszinierend und furchterregend wie all das sogenannte »Heilige«); und nicht in sich geteilt, nicht willkürlich, launisch, unberechenbar. Er ist einer in der Bedeutung von zielgerichtet, aus einem Stück. Er weiß, was er will: die eine Menschheit, ungeteilt glückliche Menschen.

3.

Die Bibel spricht nicht vom »Wesen« Gottes. »Wesen« ist ein Wort anderer Herkunft, ist griechisch. Die biblische Glaubensgeschichte »zeigt« einen Gott, dessen Absicht und Ziel, Leidenschaft und Vision es ist, Menschen aus Unterdrückung zu befreien, aus welcher Form von Versklavung, Entfremdung, Lähmung auch immer.

Mit diesem »Auszugs-Gott«, der in der späteren Geschichte Israels, in prophetischer Sprache »Vater« und »Schöpfer des Himmels und der Erde« genannt wird, kann ein Mensch »eins« werden. Nicht verschmelzen, nicht in ihm aufgehen, nicht »eins« in der Bedeutung von »zusammenfallend mit« – eine Person fällt nicht mit einer anderen Person zusammen. Zwei »Personen«, zwei »Seelen«, die man »eins« nennt, sind »eins« in ihren Ansichten und Absichten, »eins« in Antrieb, Engagement und Entscheidung oder »eins im Geist«. Wenn es auch deine Leidenschaft und Vision ist, daß Menschen aus allen möglichen Sklavenhäusern befreit werden müssen, dann bist du mit diesem »Auszugs-Gott« eins; griechisch ausgedrückt, bist du dann »eines Wesens« mit ihm.

4.

Jesus von Nazaret wird »in der Überlieferung der Apostel«, in den vier Evangelien, als ein Mensch dargestellt, der »eins« mit den Absichten, dem Engagement und der Leidenschaft dieses Auszugs-Gottes war, »eins« mit diesem Vater und Schöpfer. »Eins« in der Vision. So deutlich muß er – für einige? viele? – ein »Mensch von Gott« gewesen sein, »eins« im Geist mit Gott, daß er, jüdisch gesprochen, »aus Gott geboren« und »Bild des unsichtbaren Gottes« und »Wort von Gott« genannt wurde. In den ältesten jüdisch-christlichen Quellen, noch aus dem 1. Jahrhundert, wird Jesus mit solchen Worten bezeichnet. 250 Jahre später, im Jahr 325 auf dem Konzil in der kleinasiatischen Stadt Nizäa, wird er im Glaubensbekenntnis, griechisch gesprochen, »eines Wesens mit dem Vater« genannt: »Gott von Gott, Licht vom Licht, wahrer Gott vom wahren Gott; gezeugt, nicht geschaffen; eines Wesens mit dem Vater«.

Das »Glaubensbekenntnis von Nizäa« ist der klassische Text, der bis heute in allen christlichen Kirchen in Geltung ist. Wer gut liest und gut zuhört, der wird in diesem Text nicht nur »das Dogma«, sondern auch einen Hymnus, ein »Hoheslied« erkennen. Und so, wie ein erhabenes Lied, ist dieser Text uns auch überliefert, in der »katholischen« Liturgie von alters her: »Credo in unum Deum«. Ein »Lied auf griechisch«, ein Sprachgebrauch, der uns ferner erscheint als die biblische Sprache; aber mit der Absicht, die biblische Glaubenserzählung von dem einen Gott des Mose und der

Propheten und von jenem Sohn Israels, der im Geist der Tora »Sohn Gottes« genannt wird, Jesus.

Um Jesus in einer Welt voller Göttersöhne und Herrscher mit göttlichen Ansprüchen von diesen Großmeistern im Unterdrücken zu unterscheiden, verbindet dieses griechische Lied ihn so »wesentlich« wie nur möglich mit dem »Gott-Befreier Israels«, dem einzigen, der es wert ist, Gott-Vater-Schöpfer genannt zu werden, und es sagt von ihm: »Gott von Gott, Licht vom Licht, wahrer Gott vom wahren Gott, gezeugt, nicht geschaffen; eines Wesens mit dem Vater«.

Weil es der ursprüngliche Sinn dieses Textes von Nizäa ist, gegen alle möglichen Herren und Herrscher und ihre Söhne, ihre Dynastien und gegen allerlei von diesen Herren gehegte Gottesbilder, das Zeugnis von Gott zur Geltung zu bringen, der befreien will, herabsteigt, um zu befreien, wird von diesen »Sohn Gottes« gesagt, daß er seinem Vater im Abstieg nachgefolgt ist – »für uns Menschen und zu unserer Rettung ist er vom Himmel herabgestiegen«.

An »den einen Herrn Jesus Christus« glauben heißt an einen Herrn glauben, der Knecht geworden ist – er allein verdient es, »Herr« genannt zu werden. So wie nur ein Gott, der herabgestiegen ist, wahrer »Gott« ist.

Das ist die Norm für alle Machtausübung, für alle Herrschaft und alle menschlichen Verhältnisse. »Vom Himmel herabgestiegen«. Menschwerden ist Herabsteigen. »Herabsteigen« ist der Weg der Liebe. Herabsteigen, das tut Gott in der biblischen Glaubenserzählung, so wie geschrieben steht: »Da stieg Er herab und stellte sich dort zu ihm, zu Mose, in der Felsenhöhle. Und dieser rief Seinen Namen. Und Er ging vor dem Angesicht des Mose vorbei und rief: Ich werde da-sein, Gott, erbarmend und gnädig, langmütig und reich an Liebe und Treue, der die Liebe bis ins tausendste Geschlecht bewahrt, der hinwegnimmt Schuld, Untreue und Sünde« (Ex 34,5–7).

»Herabsteigen, um zu befreien und sich zu erbarmen« –

das ist die Aussage der ganzen Tora. »Herabsteigen« ist ein Wort für einen Geist des Lebens, eine Bewegung, einen Stil, einen Weg des Lebens, und dieser Geist ist in Jesus »offenbar« geworden, oder: In ihm ist Gott offenbar geworden, erschienen. Der Auszugs-Gott, der raumschaffende Gott, erscheint in Menschen, die herabsteigen aus ihren Himmeln, aus ihrer Ferne, Unerreichbarkeit, Verborgenheit; aus ihren privilegierten Positionen, ihrem ererbten Stand, ihren rechtmäßigen Gütern; ihren Ansprüchen, Erwartungen, Rechten, ihrem Bild von sich selbst. Menschen, die herabsteigen, um zu befreien, um zu retten, was noch zu retten ist – auch wenn es nur ein Hauch, ein Funken menschlicher Würde ist.

Fronleichnam

Lied: Ubi caritas et amor

Wo Freundschaft ist und Liebe, da ist Gott.

Laßt uns, erfreut und ehrfurchtsvoll, für ihn
singen dies Lied, für ihn, der lebt. Auf daß wir
aufrichtig Liebe haben zueinander:
Wo Freundschaft ist und Liebe, da ist Gott.

An diesem Ort versammelt, laßt uns sein
einig im Geiste, Herzen ungeteilt.
Weg alle harten Worte, Groll und Zwiespalt.
Daß Liebe wohne unter uns, Gott selbst.

Wo Freundschaft ist und Liebe, da ist Gott.
Mögen wir mit allen, die schon dort sind,
im Licht verherrlicht, sehn dein Angesicht –
Freude, die unermeßlich; Sicherheit,
die in Ewigkeit kein Ende findet.

Wo Freundschaft ist und Liebe, da ist Gott.

Sonntage nach Pfingsten

Öffne die Worte
Ordnung für einen gesungenen Gottesdienst

Eröffnung

Chor:	Strecke deine Hände zu mir, komm, schnell, mir zu Hilfe.
Vorsänger:	Bist du Gott, komm mir zu Hilfe.
Alle:	Gott bist du, komm zu Hilfe.
Chor:	Der uns machte aus nichts,
Alle:	der uns kennt und befreit,
Vorsänger:	du, komm, schnell, mir zu Hilfe.
Alle:	Strecke deine Hände zu mir.

Um Wort und Licht

Chor:	Sei hier zugegen, Wort des Lichts, Lichthauch, Licht der Stille.
Alle:	Sei hier zugegen, Licht, sei Gott in mir.
Chor:	Sei Kraft in mir zur Liebe, mach mich los aus Fluch und Schicksal.
Alle:	Schaff in mir Kraft zur Liebe.
Chor:	Sei neu und glühend, alt und weise in mir, sei in mir Wachsamkeit, Geduld, Gedächtnis, Treue.

	Mach mich nach deinem Bild zu einem neuen Menschen.
Vorsänger:	Sei in mir Abneigung gegen Gewalt, Hunger nach Gerechtigkeit, Hoffnung, Erbarmen, Durst nach Frieden.
Alle:	Führe mich zurück in die Oase deines Wortes.
Chor:	Sei hier zugegen, Wort des Lichtes, Lichthauch, Licht der Stille.
Alle:	Sei hier zugegen, Licht, sei Gott in mir.

Kleines Gloria

Chor:	Kyrie eleison, Kyrie eleison. Ehre, wem Ehre gebührt, Nicht-Licht, Nicht-Stimme, Nicht-Du, Nicht-Gott. Ehre sei – wem? – dem bildlosen Du, dem undenkbaren Gott. Ehre dem Namen, dem Wort. Es komme der Heilige Geist über uns, Frieden auf Erden den Menschen guten Willens.
Alle:	Kyrie eleison, Kyrie eleison.

Gebet

Vorsänger:	Laß uns wissen, daß du hörst, oder bist du Leere? Laß uns dein Wort verstehen, oder bist du stumm? Wenn du der Gott bist, der uns gesagt wurde

durch deine Zeugen von Abraham an,
öffne dein Herz für uns,
öffne deinen Mund,
öffne unser Herz.
So möge es sein.

Erste Schriftlesung

Höre, Israel!
Er, unser Gott, er einer.
Liebe ihn dann, deinen Gott,
mit deinem ganzen Herzen,
mit deiner ganzen Seele,
mit deiner ganzen Kraft.

Diese Worte, heute dir aufgetragen,
schreibe sie in dein Herz.
Präge sie deinen Kindern ein.
Du sollst von ihnen reden,
wenn du zu Hause sitzt
und wenn du unterwegs bist,
wenn du schlafen gehst
und wenn du aufstehst.
Binde sie als Zeichen an deine Hand,
als Schmuck an deine Stirn.
Ritze sie in die Türpfosten deines Hauses
und in deine Tore.

Höre, Israel!
Er, unser Gott, er einer.
Liebe ihn dann, deinen Gott,
mit deinem ganzen Herzen,
mit deiner ganzen Seele,
mit deiner ganzen Kraft.

Deuteronomium 6,4–9

Zwischengesang

Chor: Der du gesprochen hast zu Israel
durch Mose und die Propheten:
uns hast du zu Teilhabern gemacht
durch Jesus, deinen Knecht.
Öffne jetzt unser Herz,
öffne die Worte, die geschrieben stehn,
laß über uns leuchten dein Angesicht.

Alle: Öffne die Worte, die geschrieben stehn,
laß über uns leuchten dein Angesicht.

Zweite Schriftlesung

Worte Jesu: Meint nicht, daß ich gekommen sei,
die Tora des Mose und die Worte der Propheten
aufzuheben und außer Kraft zu setzen.
Ich bin nicht gekommen, aufzuheben, sondern zu erfüllen,
sie hochzuhalten und zu zeigen in der Fülle ihrer Kraft.

Matthäusevangelium 5,17

Akklamation

Alle: Öffne die Worte, die geschrieben stehn,
laß über uns leuchten dein Angesicht.

Zuspruch / Predigt: Öffne die Worte

Der du gesprochen hast zu Israel
durch Mose und die Propheten:
Uns hast du zu Teilhabern gemacht
durch Jesus, deinen Knecht –
öffne jetzt unser Herz,
öffne die Worte, die geschrieben stehn,
laß über uns leuchten dein Angesicht.

1.

»Jesus, dein Knecht« – wer ist das? Er, der uns im Evangelium (Lk4) so vor Augen gestellt wird: auf den der Geist in Gestalt einer Taube herabstieg, der durch Galiläa zog (»und wurde von jedermann auf Händen getragen«); von dem eine Kraft ausging, die alle gesund machte; der sprach: »Die Zeit ist erfüllt, dreh dein Leben um«, und: »Wer sein Leben festhält, wird es verlieren; wer es weggibt, wird es empfangen«; der in der Synagoge von Nazaret die Buchrolle öffnete und las: »Der Geist des Herrn ist auf mir, daß Blinde sehen, daß Unterdrückte in die Freiheit gehen«; der sprach: »Was da geschrieben steht, laß es noch heute geschehen, tut es einander, tut Liebe.«

2.

»Du hast uns zu Teilhabern gemacht durch Jesus, deinen Knecht.« Teilhaber woran?

Da steht ein Baum, tief verwurzelt, ein Ölbaum, »Israel« ist dieser Baum. Auf den Stamm dieses Baumes sind Zweige aufgepfropft, damit sie am Saft des Ölbaums Anteil bekommen. Wir, Nachkommen der Angeln und Sachsen, der Römer und Griechen, Meder und Perser oder aus den Weiten Asiens oder von wo auch immer hierher zusammengekommen – wir sind als Zweige aufgepfropft auf den edlen Ölbaum, eingepflanzt, um »Anteil an der Lebenskraft Israels zu erhalten (Röm 11,17).

Woraus schöpft Israel die Lebenskraft, an der wir Anteil erhalten? Aus den Worten, die »in der Buchrolle« geschrieben stehen: »daß Blinde sehen, daß Unterdrückte in die Freiheit gehen«. Diese Tora, mit Licht vom Licht geschrieben, weiß auf schwarz, diese Befreiungsvision ist die Quelle von Israels Lebenskraft. Daß du in diesem Leben nicht dazu verdammt bist, zu bleiben, was du bist: Sklave, blind, unglücklich, halb; daß, wer sein Leben festhält, gefesselt ist; wer aber sein Leben weggibt, wer es teilt, er ist nicht so – an dieser

Weisheit, dieser Unterweisung durch Mose und die Propheten haben wir Anteil bekommen »durch Jesus, deinen Knecht«.

3.

»Öffne jetzt unser Herz.« Herz ist, wo du lebst, wo du brennst, glühst. »Öffne uns«, daß Luft, Wind, Atem in das schwelende Feuer unseres Lebenswillens hineinfährt; daß es auflodert und unsere Augen wieder leuchten. So wie in der Pfingstgeschichte geschrieben steht: »Und es geschah, plötzlich, vom Himmel her« ein Geräusch wie ein Atemzug, der ausgestoßen wird, wie ein Sturm, der losbricht und Böen entfacht, »und er erfüllte das ganze Haus, in dem sie saßen« und warteten und warteten. Und da sahen sie: ein Feuer, das sich in Flammen zerteilt, Feuerzungen, und auf jedes ihrer Häupter setzte sich eine solche Flamme nieder, alle wurden von heiligem Geist erfüllt, und sie fingen in neuen Zungen zu reden an.

Jüdische Menschen aus Galiläa, ihr Herz geöffnet, ihr Mund überlaufend. Zustrom aus allen Völkern. Aufgeschlossene, verständliche Worte. Das ist die Pfingstgeschichte: Komm, Atemstoß vom Himmel; auf Gottes Geheiß komm, gegen alle unsere von Angst und Zynismus erfüllten Zukunftsträume laß uns aufatmen; denn warum nur jene und nicht wir?

4.

»Öffne die Worte, die geschrieben stehn, laß über uns leuchten dein Angesicht.« Das eine ist das andere: In der Hoffnung, Erklärung, Entfaltung der Tora Israels, in ihrer Auslegung für das Leben wendet der Gott des Mose und des Jesaja und des Jesus und des Paulus sein Angesicht uns zu. Ihr kennt den Segensspruch: »Er segne und behüte euch, er lasse sein Angesicht über euch leuchten.« Sein Angesicht, sein Erbarmen und seine Zärtlichkeit, seine Sorgsamkeit und seine Treue wird über dir leuchten, wenn die Worte der Befreiungsvision für dich aufgehen – du wirst wissen, was »Leben« ist.

5.

Damals, an jenem ersten »fünfzigsten Tag« nach dem Tode Jesu, sind diese Worte für Griechen und Römer, Kreter und Araber aufgegangen. In der Pfingstgeschichte über diesen »fünfzigsten Tag« (es ist ein literarischer, kein historischer Bericht) wird ins Bild gebracht, was eine kleine Gruppe von Juden als den entscheidendsten Augenblick ihrer Geschichte erfahren hat: daß Menschen aus allen Völkern, die unter dem Himmel sind – früher und auch heute wohl noch »Heiden« genannt –, in ihrer eigenen Sprache die Befreiungsvision der Tora verstanden.

Aber was verstanden sie da? »Lebt die Liebe«, laßt einander leben – das verstanden sie. Was einmal die »Söhne Israels« verstanden hatten, als sie, am fünfzigsten Tage nach ihrem Auszug aus Ägypten, am Fuß des Sinaigebirges standen: »Lebt die Liebe«, zehnmal wiederholt und ausgelegt: »Lebt die Liebe«: Tötet nicht, übt Recht, raubt nicht; keine Untreue, keine Rache, keine anderen Prinzipien als »Lebt die Liebe« – kürzeste Zusammenfassung von Israels Befreiungsvision.

»Lebt die Liebe« – von allen Worten, die geschrieben stehen, ist dieses das innerste. Wenn alle diese Worte aufgehen, was hörst du dann?

Dieses Wort ist das entscheidende, letztendliche Wort, das einzig und immer und überall geltende, das alles umfassende Wort. Nicht das Wort »Gott« ist das entscheidende, sondern »Lebt die Liebe«. Das einzige, das zu einer neuen Welt führt, zu einer Welt ohne trennende Mauern, ohne Verteidigungstürme und religiöse Bastionen. Das wurde »damals«, so sagt die Erzählung, von Juden und »Heiden« zusammen verstanden.

6.

Und sie rissen die Mauern nieder, durch die sie voneinander getrennt waren, und setzten sich an einen Tisch. Nicht länger mehr Jude oder Grieche, Knecht oder Herr, selbst nicht mehr Mann oder Frau (Gal 3,28). Und sie wurden eins, wie klein ihre Zahl auch gewesen sein mag; eine neue Menschheit; wie ein Leib so fest zusammenhängend, so zusammengehörig; wie »Lebt die Liebe« so einleuchtend, so wirklichkeitsnah und praktisch, auf Gottes Geheiß und kraft seines Geistes.

7.

Nicht das Wort »Gott« ist das entscheidende Wort. Glauben an Gott? An »einen« Gott, an »etwas« wie einen Gott, an eine höhere Macht? Darum kann es doch nicht gehen. Es ist allerdings die Frage, was man in das Wort »Gott« hineinprojiziert; man kann dabei auch viele gespenstische und gewalttätige Phantasien loswerden. »Glauben an Gott« ist nicht entscheidend und führt nicht zu einer neuen Welt. Aber die Liebe leben, Menschen wichtig finden, Vertrauen geben, an Menschen glauben, »ein Leib« werden mit Schwarzen und Weißen, mit alten und neuen Armen, Türken und Arabern, Kranken und Sterbenden, wer es auch sei und mit wem es auch sei (einer oder zwei oder mehrere, lang vertraute oder plötzlich bei dir auftauchende Nächste); sich für die Lebensinteressen voneinander einsetzen, die Lebensrechte zur Geltung bringen, also einander lieben wie sich selbst, das führt zu einer neuen Welt. Das ist es, was sein muß und sein kann; was sein kann, weil es sein muß.

Das ist die Absicht der Worte, die geschrieben stehen, der Lebensunterweisug, an der wir Anteil bekommen haben.

Eucharistiegebet

Gesegnet seist du, Ewiger,
Vater des Himmels und der Erde,
für das Licht und den Lebensatem,
für die Menschheit nach deinem Bild.

Gesegnet seist du
für Israel, deinen heiligen Weinstock,
an dem du uns Anteil gegeben hast,
durch Jesus, deinen Knecht.

Gesegnet seist du in ihm,
in dem deine Treue erschienen ist,
der deinen Namen geheiligt,
dein Wort bestätigt hat;
der uns gezeigt hat, was Leben ist;
der uns vorgelebt, was Liebe tut:

Daß nichts unmöglich ist, nicht neuer Anfang,
nicht Auferstehung der Toten, neuer Himmel,
nicht neue Erde – hier auf dieser Erde.
Auch nicht das größte Wunder dieser Welt,
daß Menschheit nach deinem Bild Wahrheit wird,
daß wir in Recht und Frieden leben lernen,
daß Liebe nicht umsonst gegeben wird,
daß Leiden nicht umsonst gelitten wird,
daß nichts bei dir unmöglich ist, kein Wort.

Der uns die gute Nachricht hinterlassen hat,
der uns voraus, zu dir hin geeilt ist,
der, stehend an der Schwelle des Todes,
noch auf dieser Seite des undenkbaren,
großen, pechschwarzen Lichtmysteriums, das du bist,
uns dies hier gab, dies Spiel mit Brot und Wein,
worin wir einander zu erkennen geben,
daß wir den Weg der Liebe gehen sollen.

Der uns aus einem Becher Wein zu trinken gab:
Trinkt miteinander diesen Becher der Vergebung;
der Brot gebrochen und ausgeteilt hat:
Nehmt dies von mir und eßt, Brot der Gnade.

Laß über uns kommen den Lebenshauch,
die Liebeskraft, aus der er gelebt hat.
Mach uns, wie ihn, zu Menschen in deinem Geist.

Lied vom Namen

O Herr, Gott,
erbarmend, gnädig, langmütig,
reich an Liebe, reich an Treue,
bewahrend Liebe
bis ins tausendste Geschlecht.

Wir gingen mit anderen Göttern,
aus Silberlingen geschmiedet im Feuer,
aus Gold in der Untreue Glut.
Wir schleppten sie auf unsern Schultern,
riefen »Geht voran« und »Rettet uns« -
doch ihre Füße konnten nicht gehn.

O Herr, Gott,
erbarmend, gnädig, langmütig,
reich an Liebe, reich an Treue,
bewahrend Liebe
bis in tausendste Geschlecht.

Andere Götter: sprechende Schlangen,
Augenpaläste, Gärten aus Haar.
Andere Götter gehen vorbei
im Sturmwind und Erdstoß. Nicht du.
Andere stehen wie blinde Mauern
zwischen den Menschen. Nicht du.

O Herr, Gott,
erbarmend, gnädig, langmütig,
reich an Liebe, reich an Treue,
erbarmend, gnädig, langmütig,
reich an Liebe, reich an Treue,
bewahrend Liebe
bis ins tausendste Geschlecht.

Fürbitten

Vorsänger:	Bis hier bewahrst du die Liebe. Nichts ist bei dir unmöglich.
Chor:	Sieh hier, die Menschen, die hier leben, du Kenner von Herzen und Namen.
Alle:	Du kennst auch unsere Geliebten, Kinder, ferne Freunde, nahe Unbekannte, die auf unsere Antwort warten.
Vorsänger:	Kennst du auch unsere Toten noch, weißt du um ihren Namen, ihren Wohnort? Bist du der Gott der Armen, der die Erniedrigten aufrichtet?
Alle:	Wo ist deine Antwort? Öffne deinen Mund, öffne unser Herz. So möge es sein.

Letzter Gesang

Vorsänger:	Haltet fest zusammen. Löscht den Geist nicht aus. Macht einander nicht klein.
Chor:	Der uns schuf aus dem Nichts, der nicht fallen läßt das Werk seiner Hände.
Alle:	Sein ist die Zukunft, es komme, was kommt, Licht, das nicht verlöscht, Liebe, die bleibt.
Chor:	Hör, eine Stimme: Ich mache alle Dinge neu. Ich werde die Tränen von deinen Augen wischen, und der Tod wird nicht mehr sein.
Alle:	Sein ist die Zukunft, es komme, was kommt, Licht, das nicht verlöscht, Liebe, die bleibt.
Vorsänger:	Laß dein Angesicht leuchten, wende deine Augen zu mir, streck deine Hände zu mir.

Reformationstag

31. Oktober

Du, der uns gesehen, noch ehe wir waren,
du dachtest uns, wir standen dir vor Augen,
eine Menschheit, hundert Farben, tausend Sprachen –
da hast du uns gesegnet, jeden und jede,
mit eigener Hand uns einander gegeben –
weißt du noch, was du in uns gesehen?
Willst du uns noch? Was schweigst du jetzt, schläfst du?
Hast du weit weg ein neues Weltall begonnen?

Gedenke der Kinder, die aus uns geboren
auf dieser Erde, durch uns verloren.
Gib neuen Atem unserm Geist.
Erschaffe uns ein neues Herz,
daß wir einander bewahren und Leben geben.
Mach uns zu neuen Menschen. Sei die Stimme,
die unser Gewissen weckt. Verbirg dich nicht.

Allerheiligen

1. November

Gesegnet er, der unsichtbar,
gesegnet der Verborgene,
gesegnet der Lebendige,
du Liebe, die durstig macht,
Licht, das sehend macht.

Gesegnet Menschen, die gut sind,
die Hand, die nicht schlägt,
der Mund, der nicht verrät,
der Freund, der seinen Freund
nicht verleugnet.

Gesegnet sei die Frau für den Mann
und der Mann für die Frau
und Alt für Jung
und Stark für Schwach.

Gesegnet ist der neue Mensch –
am Tod vorbei –,
der in uns spricht,
der in uns seufzt und stöhnt,
der in uns lebt,

Jesus Messias.

Der sich gegeben hat,
sich nehmen läßt,
der gebrochen wird,
ausgeteilt von Hand zu Hand,
als Brot gegessen.

Gesegnet, die durch Angst geläutert,
am Tod vorbei,
leben im Licht,
aufs neue geboren.

Gesegnet er, der unsichtbar,
gesegnet der Verborgene,
gesegnet der Lebendige,
du Liebe, die durstig macht,
Licht, das sehend macht.

Allerseelen

In Paradisum

Ins Paradies
mögen Engel dich begleiten.
Bei deiner Ankunft
werden alle zu Tode Gequälten
dich in die Arme schließen –
und dann tragen sie dich mit sich
in die Stadt,
das heilige Jerusalem.
Dort schart sich um dich
ein Chor von Lichtgestalten,
und mit Lazarus, dem armen Schlucker,
wirst du sein in Ruh und Frieden
für immer.

Vorletzter Sonntag

Der reiche Jüngling

Eins fehlt dir noch.
Verkaufe alles, was du hast,
und gib es den Armen.
Dann wirst du einen Schatz im Himmel haben.
Und dann: Komm und folge mir nach.

Lukasevangelium 18,22

Ein Mensch und kein Hund. Ein Midrasch

Ein Junge von acht Jahren sagte zu seinem Vater: »Ich werde später genauso nett wie Gott, und weggeben – das mag ich auch.« Als er zwölf war, sagte er: »Ich will reich werden«, und mit dreizehn: »Ich will reich werden und viel Geld verdienen.« Ist das schlecht von dem Jungen? Er hat doch eigentlich ganz recht; er hat keine Lust, ein armer Mann zu werden.

Aber der Vater ist sich nicht so sicher, ob es nicht doch schlecht sei. Außerdem hatte der Vater immer von einem Sohn geträumt, der alles an die Armen verschenkte und also selber auch arm lebte (aber nicht bitter und böse wie so viele arme Leute, sondern voller Freude, mit einem Gesicht, als ob er sagen wollte: Wer bin ich, daß ich das tun darf – so wie Gott aus seinen Augen schaut, dachte der Vater).

Und so kam es, daß er, an einem Sonntagmorgen, den Jungen an die Hand nahm (das ging gerade noch) und ihn mit zur Tora nahm.

Natürlich wieder ein Junge, denken die Mädchen. Natürlich wieder ein Vater, denken die Mütter. Aber, es war nun einmal ein Junge und ein Vater. Das heißt natürlich noch nicht, daß in dieser Geschichte nur Männer vorkommen, oder noch schlimmer, daß es eine mädchen- und frauenunfreundliche Geschichte sei. Und so geht es weiter:

Sie gingen an jenem Sonntag über die Straße, durch den Park, vorbei an schmucken Villen: »So ein Haus will ich auch, später, wenn ich achtzehn bin«, sagte der Junge; dann wieder ein paar Straße weiter: »Jetzt sind wir fast da«, sagte der Vater, als sie in eine häßliche Gegend kamen mit grauen Häuserfronten, Dreck am Straßenrand und herumliegendem Müll. »Ein Mistviertel«, meinte der Junge.

»Hier muß es sein«, sagte der Vater, »Nummer 7«. An der Klingel war kein Namensschild, man hörte auch keinen Klingelton, aber nach ein paar Minuten wurde die Tür von einer alten Frau geöffnet. »Sind wir hier bei der Tora?« fragte der Vater mit verlegenem Hüsteln. »Kommen sie herein«, sagte die alte Frau, »ich bin es, ich wohne hier allein.« Was für Augen hat dieser Mensch, dachte der Junge, und ihm war, als ob er sie früher schon einmal gesehen hätte.

»Was kann ich für Sie tun?« fragte die Tora. Ja, was eigentlich? »Es war so eine Idee«, sagte der Vater, »ich hatte von Ihnen gehört, daß Sie viel darüber wissen, wie man leben muß. Jetzt will mein Sohn gerne reich werden und viel Geld verdienen, aber ich frage mich, ob das eigentlich so gut ist.« Er wurde auf einmal ganz rot, bis in die Haarspitzen, er wußte nicht, warum. Sie ist steinalt, dachte der Junge, aber auch jung, wie komisch.

Die Frau zwinkerte ihm zu, stand von ihrem Küchenstuhl auf, kramte in einem Schrank und holte eine kleine Holzkiste heraus. Geschnitzte vogelartige Figuren waren darauf, die Flügel voller Augen. Drinnen waren lauter Holzteilchen. Sie sagte: »Das sind Teile von Buchstaben, zusammen bilden sie ein Wort. Willst du es einmal versuchen?«

Er versuchte, die Teile zusammenzusetzen. Dreiundfünfzig Stück; sie lagen kreuz und quer, daß es mehr nach einer Weltkarte aussah als nach einem Wort. Die alte Frau sah zu, ab und zu sah er sie fragend an, dann blickte sie fragend zurück. Der Vater streckte den kleinen Finger seiner linken Hand nach einer Taube aus, die vor dem Fenster hin und her scharrte und herein wollte, ab und zu gähnte er ein wenig oder döste mit den Augen die Zimmerwände entlang. Und dann stand auf einmal das Wort da: Mensch.

»Gut so«, sagte die Tora, »das hast du gut gemacht. Jetzt können wir reden. Sag mal laut, was da steht.«

»Mensch«, antwortete der Junge.

»Richtig«, sagte die Tora. »Und was ist das Besondere an diesem Wort?«

»Daß es aus dreiundfünfzig Stückchen besteht?« versuchte der Junge.

»Nein«, sagte die alte Frau, »sondern, daß du selbst es bist. Es gibt keine anderen Worte, die du selbst bist, zum Beispiel Stern oder Baum oder Hahn oder Gott – das alles bist du nicht, aber Mensch, das bist du selbst.«

»Klar«, bestätigte der Junge und warf einen kurzen Blick zu seinem Vater.

»Es ist noch etwas Besonderes an dem Wort«, sagte die Frau, »daß alle Menschen es sind und daß sie es wissen.«

»Nicht alle«, wandte der Junge ein, »ich kenne einen in unserer Gegend, das heißt, er ist kürzlich weggezogen; er kam in eine Anstalt, denn er meinte, er sei ein Hund. Er redete so komisch, fast wie ein Hund bellt.«

»Du aber«, sagte die Frau, »du weißt, daß er ein Mensch ist.«

»Ja, klar«, meinte der Junge, »ich weiß: er ist ein Mensch und kein Hund.«

Eine lange Minute herrschte Stille. Dann sagte die Frau: »Du willst also reich werden?«

»Ja, möglichst reich.«

»Und wie willst du das machen?«

Der Junge sagte: »Ich kann hart arbeiten, viel lernen. Ich will alles lernen, was ich kann.«

»Dann könntest du zum Beispiel jemanden, der viel Geld hat, überfallen und berauben«, meinte die Frau. »Das wird viel gemacht, und es ist einfach zu lernen.«

»Nein, so meine ich es nicht«, protestierte der Junge.

»Du könntest auch lernen, wie man arme Leute arm hält und selber immer reicher wird. Dafür gibt es Schulen. Willst du reich werden, wenn andere dadurch bitterarm werden?«

»Nein, das will ich nicht«, sagte der Junge, »das ist nicht ehrlich.«

»Wieso nicht ehrlich?« fragte sie.

»Na ja, eben nicht ehrlich.«

»Können alle Menschen reich werden, was meinst du?« fragte jetzt die Frau.

»Ich glaube nicht. Aber vielleicht doch ein bißchen, wenn sie einander helfen, jedenfalls reich genug, um leben zu können.«

»Würdest du jemandem, der arm ist, helfen wollen, etwas weniger arm zu werden?«

»Bestimmt«, meinte der Junge.

»Das kannst du lernen«, sagte die Frau, »frag mal deinen Vater, ob er es dir beibringen will.«

Der Vater hatte eine Zeit lang die Taube angestarrt und sich inzwischen daran erinnert, daß er, als er so jung wie sein Sohn war, auch reich werden wollte, mit Hilfe von Gewehren und Kanonen, irgendwo in der Welt. Diese Erinnerung erschreckte ihn sehr, und er wußte auf einmal nicht mehr so sicher, ob er es seinem Sohn beibringen könnte. Er sagte also: »Na, das weiß ich nicht, gnädige Frau.«

»Ich bin keine gnädige Frau«, sagte sie, »und du weißt es genau. Ach, was siehst du auf einmal traurig aus! Ihr Erwachsenen habt Angst, und Angst macht müde, und müde sein macht traurig. Ich kann dir nicht helfen, ich kann nur sagen: Hab keine Angst, du kannst es immer wieder aufs neue probieren.«

»Sollen wir nach Hause gehen?« sagte der Junge zu seinem Vater. »Ich muß zum Training. Kommst du mit?«

»Hier, nimm das«, sagte die Tora. Sie holte ein ziemlich zerlesenes Buch aus ihrer Schürzentasche und gab es ihm. »Das kannst du lesen, wenn du mal nicht trainieren mußt. Ich fand das Buch, als ich so alt war wie du. Eine schöne Geschichte. Du darfst es ausleihen.«

»Dankeschön«, sagte der Junge.

Als sie nach ein paar Straßen und dem Park wieder bei ihrem eigenen Haus waren, meinte er zu seinem Vater: »Unser Haus finde ich sehr schön.«

»Das würde ich auch sagen«, antwortete der Vater. Der Junge packte seine Sachen und ging zum Training.

Abends im Bett dachte er auf einmal wieder an die alte Frau und an das Buch, das sie ihm gegeben hatte. Er knipste das Licht an und las: »Die Erde war Chaos und Leere. Über Abgründen von Wasser war Finsternis. Gottes Atem wehte über das Wasser dahin. Gott sprach: Es werde Licht. Und es wurde Licht.«

Er wußte nicht, ob er verstand, was er las, machte das Licht aus und schlief gleich ein. Mitten in der Nacht wurde er ein wenig wach und mußte an die ersten Worte denken, die er gelesen hatte: Chaos, Leere, Finsternis. Genau wie jetzt, dachte er und fiel wieder in Schlaf. Im Traum redete er ein wenig; an die fünfmal warf er sich von einer Seite auf die andere, und einmal schrie er ängstlich auf. Aber niemand hörte ihn – sein Vater und seine Mutter schliefen in einem anderen Zimmer, ganz tief.

Letzter Sonntag

Zwei oder drei in seinem Namen

1.

Jesus Messias«, das bedeutet: daß ein Mensch aus dem unscheinbaren Nazaret, der mit Namen Jesus hieß wie viele andere in jenen Tagen in jenem Land, daß dieser Mann (in einem zweifelhaften Gerichtsverfahren verurteilt und wie ein Sklave hingerichtet) von jüdischen Juden in einem Winkel der Erde, nämlich in Israel, als Mensch-von-Gott, Mensch-von-Gott-her erfahren und ausgerufen wurde; dem Gott Israels, dem Gott der Armen gehörend und von ihm erkannt und gerettet; Vorbildmensch, Zukunftsmensch, endgültiger Mensch, Erster und Letzter; der Mensch, wie er sein muß, so und nicht anders.

2.

Im achtzehnten Kapitel der Messiaserzählung nach Matthäus ergreift dieser Mensch das Wort und spricht über die Ekklesia. Das ist nicht »die Kirche«, so wie wir sie kennen, die Kirche der Kirchengeschichte; das ist die Gemeinde, wie wir sie nicht oder kaum kennen, aber von der wir eine Ahnung haben, eine Vision aufgrund von uralten Berichten und Zeugnissen und die Kraft eines nicht auszurottenden Gewissens, das uns eingepflanzt ist.

Die Gemeinschaft, über die dieser Messias spricht, ist die Gemeinschaft derer, die in dem Glauben miteinander verbunden sind, daß bei Gott alles möglich ist. Daß also nichts unmöglich ist. Und die darum auch unmöglich leben: alles gemeinsam besitzen, alles für alle; und die einander stützen. Niemand von ihnen leidet Not oder kommt zu kurz.

3.

Unter den Jüngern des Messias, in der Gemeinde also, scheint die Frage zu bestehen, wer der wichtigste sei, wer die meiste Macht ausüben, das Sagen haben und den Ton angeben soll. Das hätte man nicht erwartet, eine solche Vision vor Augen. Das ist doch lächerlich. Dennoch, lächerlich hin oder her, es ist ein ernsthaftes Problem zwischen Menschen, immer und überall und daher auch in der Ekklesia. Jesus gibt ihnen daher auch eine ernsthafte Antwort.

Ein Kind ist die Antwort. Ein Kind, nicht als rührendes Bild der Unschuld oder so, sondern als erstes Opfer der gewalttätigen Welt der Erwachsenen, als das Bedrohteste in unserer Mitte, das Geringste in der Welt.

So ein Kind mußt du werden, sagt er Messias. Das heißt (uralte Bildersprache in heutige Redeweise übersetzt): Mit den am meisten Bedrohten mußt du dich identifizieren. In beiden Bedeutungen des Wortes: Du mußt einsehen, daß du selbst ebenso klein bist, wie Kinder klein sind, ebenso leicht zu verletzen und ebensosehr auf Gnade und Rettung angewiesen; und du muß für sie eintreten wie für deine wichtigsten Interessen, du mußt sie retten.

Retten, was verloren zu gehen droht, wie ein Hirte, der das einzelne verlorene Schaf sucht – darin also kannst du, wenn du willst, groß sein. Die Gemeinde ist dazu da, zu suchen und zu retten, was verloren ist, so wie das Menschenkind Jesus gekommen ist, zu suchen und zu retten, was verloren ist. So wie der Gott Israels ihn gesandt hat, so sendet er die Ekklesia (Joh 20,21).

4.

Nun gibt es aber in der Gemeinde, über die und für die Matthäus seine Messiaserzählung schreibt, anscheinend Menschen, die gegen die Kleinen »sündigen«; die die Geringsten doch zu gering achten, als daß sie sie schonen, beschützen und ihnen helfen würden; die »Ärgernis« sind und die Vision unglaubwürdig machen; die also das, was die einzige Absicht der Gemeinde sein sollte, »zu suchen, was verloren ist«, behindern oder zumindest gefährden.

Jesus sagt: So jemand geht selbst verloren. Man muß ihn zurechtweisen, zurückrufen, du, der du »deinen Bruder« kennst und siehst, wie er lebt, du mußt seine Verirrung, seinen Blindflug aufhalten mit Worten wie: »Wo bist du, wo ist dein Bruder?«

Und wenn er nicht hören will, dann müßt ihr zu zweit oder zu dritt zu ihm gehen. Aus der Tora, dem Lebensgesetz des Judentums, stammt diese Weisheit: daß die Umkehr des einen, der »sündigt«, durch zwei oder drei zu Wege gebracht werden muß, damit es genug Freiraum für Rede und Gegenrede, für Versöhnung und Überredung gibt und damit der, um den es sich handelt, nicht erniedrigt wird. Taktgefühl und Ehrfurcht bei der Zurechtweisung sind wesentlich; ohne diese Behutsamkeit besteht die Gefahr, daß keine neue Einsicht, keine »Bekehrung« entsteht, sondern daß sich Haß und Rache im Herzen des Zurechtgewiesenen festsetzen. Einmal wird sich dieses Herz entladen, es kann nicht anders, und das geschieht wieder auf Kosten der Kleinen, immer widerfährt es ihnen.

Wenn er dann noch nicht hören will, dann muß die ganze Gemeinde sich an ihn wenden – wie, das steht da nicht geschrieben, aber vielleicht war die ganze Gemeinde nicht größer als »zwei oder drei«: sieben, zwölf, siebzig Menschen. Sie müssen alle solidarisch mit ihm sein, ihn so ernst nehmen, daß sie ihn zur Verantwortung rufen. Und wenn er dann noch kein Einsehen zeigt, dann muß man ihn gewähren lassen; wenn man alles getan hat, dann kann man nichts mehr tun. »Betrachtet ihn dann als einen Heiden oder als einen Zöllner«, so wie die jüdische Gemeinschaft die Zöllner und Heiden, die römischen Besatzer und die Kollaborateure gewähren lassen mußte.

Weil er ein Gewissen hat, er nicht weniger als alle anderen, wird er merken und fühlen, was die Zöllner in jenen Tagen fühlten, was Besatzer und fremde, aufgezwungene Machthaber aller Zeiten fühlten: daß sie nicht geachtet und geliebt werden – ein schreckliches Gefühl.

5.

Wenn es aber geschieht, daß ein widerspenstiger Bruder wieder in den Leib der Gemeinde eingegliedert wird, in den Dienst an den Geringsten, dann lodert eine Stichflamme der Hoffnung auf. Dann wird der Jesus Messias zu unglaublicher Prophetensprache, zu schwindelerregenden Verheißungen entflammt: »Wenn zwei von euch, einig und eines Herzens hier auf Erden, erbitten, was es auch sei, es wird euch geschehen von Gott her, von ihm, der mein Vater im Verborgenen ist.«

»Was es auch sei« kann in diesem Zusammenhang nichts anderes bedeuten als das Recht der Kleinen, welches Stückchen Recht auch immer, »das Königreich Gottes und seine Gerechtigkeit«: das, was die Gemeinde vor allem anderen suchen muß; dem muß sie nachjagen und dabei die Sorge um das eigene Leben zurückstellen. Gemeint ist nicht »irgendwas«, »alles mögliche«, zum Beispiel schönes Wetter, sondern alles, was das »allein Notwendige« betrifft: Gerechtigkeit.

Nur darum kann auf dieses unmögliche Wort ein noch unmöglicheres Prophetenwort folgen: »Wo zwei oder drei in meinem Namen zusammen sind, da bin ich mitten unter ihnen.« Zwei Menschen, die an seine Richtung glauben, auf ihn zugehen, mit ihm den Weg mitgehen, den er geht, einen Weg, der kein Weg ist, in die Wüste hinein, dem verlorengegangenen Schaf, dem verlorenen Kind nach: Seht, da geht er in ihrer Mitte, zwischen ihnen – seine Arme um ihre Schultern, so würde ich mir das gerne vorstellen –; da geht die messianische Gemeinde, drei Menschen.

Einer von den dreien ist Petrus. Er knurrt noch etwas über diesen widerspenstigen, »sündigen« Bruder und denkt: Das kann ja eine endlose Geschichte werden. Er sucht nach einer vernünftigen Lebensregel, er ist schließlich der Leiter der Gemeinde. Wie oft vergeben? Siebenmal? »Ich sage dir: nicht siebenmal, sondern siebzigmal siebenmal«, sagt Jesus.

Nach Tagen mühsamer Wanderung kommen sie dann irgendwo an einen kleinen Platz, einen Wasserbrunnen und treffen dort einen, der auch sucht und rettet, was verlorengegangen ist; er treibt sogar Teufel aus, aber nicht »in meinem Namen«. Und er hat eine ganze Menge verlorener, humpelnder, schwarzer Schafe versammelt – das wird einem grübelnden Petrus und vor allem einem sehr eifrigen Johannes zu bunt, das wollen sie verhindern. »Weil er uns nicht nachfolgt« (Mk 9,38).

Das messianische Wort, das mitten unter uns ist, das sogar bis zum Ende der Zeit unter uns sein wird (so steht es im letzten Satz der Messiasgeschichte bei Matthäus), dieses Wort mahnt uns zu Ruhe und Besonnenheit; es sagt, daß, wer nicht gegen es ist, doch für es ist, ihm geistesverwandt im Nachjagen nach der Gerechtigkeit.

6.

So »geht« die messianische Gemeinde, zwei oder drei; es können auch mehr sein.

»In meinem Namen« bedeutet im Sinn der ganzen Messiasgeschichte bei Matthäus: im Namen des Gottes Israels. Dieser Name heißt im Buch des Auszugs »Ich werde da-sein, als der ich da-sein werde«. Und weiter sagt Gott zu Mose:

»Das sollst du den Kindern Israels sagen:
Der ›Ich werde da-sein‹ schickt mich zu euch.
Er wird da-sein, der Gott eurer Väter,

der Gott Abrahams, der Gott Isaaks, der Gott Jakobs,
schickt mich zu euch.
Das ist mein Name bis zum Ende der Tage.«

So also lautet der Name von ihm, der am Anfang eines neuen Beginns und als Ansatz zur Befreiung aus dem Sklavenhaus so zu Mose spricht: »Gesehen habe ich die Unterdrückung meines Volkes. Ich habe ihr Schreien gehört. Ich kenne ihr Leiden. Herabgestiegen bin ich, um sie zu retten.«

Sein Name ist: »damit jemand geschickt wird«. Bis zum Ende der Tage ist das sein Name. Bis zum Ende der Tage werden Menschen losgeschickt. So wie seit Menschengedenken.

Der »Ich werde da-sein« ist glaubwürdig, solange es Menschen gibt, die sich – nach viel Widerstand und trotz allem und zu guter Letzt – schicken lassen. Gott »besteht« in ihnen, die geschickt werden wollen, »um den Armen die frohe Botschaft zu bringen, um die Unterdrückten in die Freiheit gehen zu lassen« (Lk 4,18).

Wo zwei oder drei beisammen sind, die sich dazu gesandt wissen, zu suchen und zu retten, was verloren ist, um »etwas« Befreiung für die gesellschaftlich Unterdrückten herbeizuführen, für all die Ungetrösteten, Durcheinandergeratenen, Besessenen, Unglücklichen und Armen aller Art: Wo zwei oder drei in seinem Namen standhalten, dort ist er, von dem es heißt: Er sieht und hört und weiß und steigt herab, um zu befreien.

Und siehe, zwei von ihnen
waren auf dem Weg zu einem Dorf,
etwa zehn Kilometer von Jerusalem, mit Namen Emmaus.
Sie sprachen miteinander über all das,
was sich ereignet hatte.
Und es geschah, während sie
miteinander sprachen und stritten,
daß Jesus selbst ihnen nahte und mit ihnen ging.
Ihre Augen aber waren wie verschlossen,

und sie erkannten ihn nicht.
Er sagte zu ihnen: Was sind das für Reden,
die ihr unterwegs einander entgegenhaltet?

Sie blieben verdüstert stehen.
Der eine, Kleopas mit Namen, antwortete ihm und sagte:
Bist du der einzige Fremde in Jerusalem,
der nicht weiß, was in diesen Tagen dort geschehen ist?
Er sagte zu ihnen: Was denn?
Da sagten sie zu ihm: Das mit Jesus von Nazaret –
der Mann war ein Prophet, mächtig in Tat und Wort
vor Gott und dem ganzen Volk –
und wie unsere Hohenpriester und Anführer
ihn ausgeliefert haben,
damit er zum Tod verurteilt und gekreuzigt würde.
Und wir hatten gehofft,
daß er es sei, der Israel befreit,
aber jetzt ist schon der dritte Tag,
seit dies alles geschah.
Aber einige Frauen von uns
haben uns durcheinandergebracht;
sie waren frühmorgens beim Grab,
fanden aber seinen Leichnam nicht.
Dann kamen sie und erzählten,
sie hätten in einer Vision Engel gesehen,
die sagten, er lebe.
Da gingen einige aus unserer Mitte zum Grab
und fanden es so, wie die Frauen gesagt hatten.
Ihn aber sahen sie nicht.

Er sagte zu ihnen:
Warum versteht ihr denn nicht,
warum ist euer Herz so schwerfällig,
dem Vertrauen zu schenken,
was die Propheten gesagt haben?
Mußte denn der Messias nicht dies alles erleiden
und so in den Lichtglanz seiner Herrlichkeit eintreten?

Und er fing an bei Mose und allen Propheten
und legte ihnen aus, was über ihn
in allen Schriften geschrieben steht.
Sie kamen dem Dorf nahe, zu dem sie unterwegs waren,
und er tat so, als ob er weitergehen wollte.
Sie aber bedrängten ihn und sagten:
Bleib bei uns, es ist bald Abend,
der Tag hat sich schon geneigt.
Und er ging mit ihnen hinein, um bei ihnen zu bleiben.
Und es geschah, als er mit ihnen zu Tisch saß,
da nahm er das Brot, sprach den Segen,
brach es und gab es ihnen.
Da wurden ihnen die Augen geöffnet,
und sie erkannten ihn.
Und er wurde für sie unsichtbar.

Lukasevangelium 24,13–31

7.

Zwei oder drei ist nicht viel. Wer in einer dieser ehrwürdigen Kirchen der Kirchengeschichte aufgewachsen ist und Gottesdienste von Menschenmassen erlebt hat, Unzählige, die in einer Kathedrale versammelt sind und singen – was fängt der mit solch einer Minimumsituation an, zwei oder drei?

Es ist ein ernüchterndes Wort: »Zwei oder drei in meinem Namen«. Es legt den Eindruck nahe, daß man nicht mit mehr rechnen darf, wenn es um die messianische Gemeinde geht. Wenn es darauf ankommt, wieviel bleiben dann? »Dann ließen ihn alle Jünger (die Gemeinde also) im Stich und flohen«, schreibt Matthäus, als der entscheidende Augenblick kam, daß Jesus festgenommen wurde, um hingerichtet zu werden.

Und zugleich ist »zwei oder drei« unendlich viel mehr als einer allein. Immer wird in den Schriften Israels, wenn es um die messianische Perspektive geht, ein Mensch bei seinem Namen gerufen, als »ich und kein anderer« angesprochen und verantwortlich gemacht. Und jedes »Ich« weiß, daß es unentrinnbar allein ist in Liebe und Tod.

Aber zwischen »ich allein verantwortlich« und »ich allein in der Masse« (wie betäubt, mir selbst genommen, allein in Vereinzelung) besteht die glückliche Möglichkeit eines Beisammenseins von zwei oder drei. Befreiung von Unterdrükkung, Befreiung vom Einzel-Ich und von der Masse – das kann kein Mensch allein, das beginnt mit »zwei oder drei«, und dann geht es weiter.

Mit zwei oder drei kann man mehr, als man glaubt. Es ist genug für einen neuen Anfang. Mehr darf man nicht erwarten. Das aber darf man erwarten: einen bleibend möglichen neuen Anfang von Befreiung. Es werden immer wieder zwei oder drei sein, die »gesandt« sind. Und vielleicht bist du einer davon. »Der ›Ich werde da-sein‹ schickt mich zu euch. Das ist sein Name bis zum Ende der Zeit.«

8.

Eine kritische Gemeinde muß dann auch nicht um ihr Weiterbestehen ängstlich besorgt sein. So wie kein Jünger des Messias Jesus um Essen und Trinken, Leib und Kleidung besorgt sein muß.

Natürlich müssen wir uns so gut wie möglich organisieren, nicht, um eine neue Form von »organisiertem Glauben« nach Art der offiziellen Kirchen zu sein, sondern um ein vernünftiges Werkzeug und ein vertrauenswürdiger Partner im Befreiungsprozeß zu sein, der überall geschieht – wer Augen hat, der kann es sehen; wer Ohren hat, der höre, was der Geist – der Geist Gottes, der Geist der Befreiung – ihm und der Ekklesia zuruft.

Wir dürfen aber nicht meinen oder, besser gesagt, darüber jammern, daß unsere Zukunft abhängig wäre von unserer »inneren Struktur« im Sinn von »zahlenden Mitgliedern« oder dem einen oder anderen bahnbrechenden Sprecher mit seinem eventuellen persönlichen Charisma. Das wäre ein Irrtum oder besser: Kleingläubigkeit, also Kurzsichtigkeit.

9.

Kritische Gemeinden werden vielleicht nach Art von »zwei oder drei« Menschen bestehen, kleinen Basisgruppen, Trägern von Gesprächskernen, Studienprojekten, Lehrhäusern, konkreten Aktionen. Und vielleicht oder wahrscheinlich gibt es auch hier und da »zwei oder drei«, die es auf sich nehmen, den sonntäglichen Dienst der Predigt und Liturgie zu tun, im »Zelt der Versammlung«, das dann ein Treffpunkt für alle die »Minderheiten« sein könnte.

Unterwegs könnte dann deutlich werden, daß »zwei oder drei« ein messianisches Understatement für die Dynamik ist, die viele erfassen kann, und für einen Zusammenhalt von ganz verschiedenen, nicht zusammenzuzählenden Menschen, die vom Geist Gottes, vom Geist der Befreiung getrieben werden.

10.

Mit der Vision einer neuen Schöpfung, mit der Liebeslehre der Tora zieht um das Jahr 50 der Rabbinenschüler Paulus zu den »Völkern«. Da sitzt er nun und hält eine Rede am Kai von Korinth, der blühenden, kesselartig brodelnden Hafenstadt; da redet er prophetisch und beginnt eine Gemeinde zu sammeln. Was ist eine Gemeinde? Menschen, so verschieden wie nur möglich, aber von dem einem Geist beseelt.

Es gibt verschiedene Begabungen,
es ist aber derselbe Geist.
Es gibt verschiedene Aufgaben zu erfüllen,
es ist aber derselbe Herr.
Es gibt verschiedene Werke zu tun,
es ist aber nur der eine Gott, der alles in allen wirkt.
In jedem von uns offenbart sich der Geist,
denn jeder hat seine Begabung, um damit allen zu dienen.
Dem einen wird durch den Geist
ein Wort der Weisheit gegeben;

einem anderen Worte der Wissenschaft
aus der Kraft desselben Geistes.
Einem dritten, durch denselben Geist,
der Glaube, der Berge versetzt.
Wieder anderen schenkt er die Gabe,
Krankheiten zu heilen, Wunder zu tun.
Auch erweckt der Geist in ganz verschiedenen Menschen
die Vision einer kommenden Welt
und lehrt sie unterscheiden,
was recht und was schlecht ist,
und gibt ihnen feurige Zungen, ihn zu bezeugen,
und Sprache, einander zu verstehen.

1. Korintherbrief 12,4–10

Ist das eine Gemeinde? Noch nicht. Erst wenn der eine Geist in allen die Einsicht weckt, daß sie aufeinander angewiesen sind, so wie die einzelnen Glieder eines Leibes aufeinander angewiesen sind; erst wenn sie bereit sind, Leid und Freude miteinander zu teilen; erst wenn wir einsehen, daß die geringsten Glieder die kostbarsten sind und was es bedeutet, füreinander in Liebe zu sorgen – dann sind wir eine Gemeinde.

Dieser kleine Briefabschnitt über die Gemeinde, über das Zusammenwirken aller Kräfte zu einem Organismus der Geisteskraft, damit nichts und niemand außerhalb des Bereichs der Liebe sei, endet mit den Worten: »Leib des Messias«.

Verstehen wir dieses Wort? Schau deinen eigenen Leib an, betrachte ihn mit Staunen und Ehrfurcht, wie alt du auch sein magst; betrachte ihn mit den Worten des Dichters von Psalm 139: »Ich will dir danken, Gott, daß du mich so wunderbar gemacht hast«; den Leib, mit dem du zur Arbeit gehst; in dem deine Stimme und dein Gewissen wohnt; in dem du gegenwärtig bist, sichtbar, liebenswert; in dem du für den anderen ein Segen und eine Last, eine Aufgabe und eine Erfüllung bist, ein Nächster; dieser Seele-Geist-Atem-Leib, der du bist, der »ich« sagt – selbst dann noch, wenn er todkrank ist, sagt er noch »ich«, hier bin ich – stell dir vor, es gäbe ihn nicht, das geht nicht, so wirklich ist er. Und so wirklich wie ihr seid, sagt Paulus, so wirklich ist der Messias in dieser Welt, wen ihr einander liebhabt.

In der »Gemeinde von Jesus« ist die Feier der Eucharistie, das Brechen des Brotes und das Trinken aus einem Becher, der Vorgang, in dem sie sich gerufen wissen, »der Leib des Messias« zu sein, ihren Glauben an die Möglichkeit der Liebe zu bekennen; daß die Liebe stärker ist als der Tod, ja, stärker als der Tod.

11.

Es ist der Liebe eigen (das weiß jeder, der ein bißchen davon weiß), daß man alles vom Geliebten wissen möchte. Eine Ekklesia, die sich von den Worten des Paulus über den »Leib des Messias« leiten läßt, muß sich darin üben, alles zu umfassen und zu verstehen. Das ist Vollzug von »Gottesdienst« – es geht um den einen Gott, der alles in allen ist. Nur sie, die alles verstehen und umfassen, können alle Unterschiede untereinander überwinden.

Die Gemeinde müßte ein Ort werden, an dem alle trennenden Mauern niedergerissen sind; an dem die üblichen Einteilungen, die Instanzen und Institutionen und die dahinterstehende Mentalität nicht mehr gelten. Dort sind wir nicht mehr »Juden« und »Nicht-Juden«, sagt Paulus, nicht mehr Knechte oder Herren, Frauen gegenüber Männern, homo- oder heterosexuell, sondern eine neue Menschheit, eine neue Schöpfung im Messias.

Wäre es möglich, bei unseren kirchlichen Zusammenkünften und unserer »Gemeindebildung« dieser durch die Tora inspirierten Vision des Paulus konkrete Gestalt zu geben?

Es gibt in dieser Welt eine verborgene Gemeinde, einen verborgenen Leib des Messias. Eine Geist-Gemeinschaft von wachsamen (betenden), Gerechtigkeit schaffenden Menschen. Diese verborgene Gemeinde ist überall und nirgends oder aber »an Ort und Stelle«. Sie ist: Menschen, die an dem

Ort und der Stelle ihres Lebens so gut wie möglich sind. Meist sind sie einander unbekannt. Manchmal erkennen sie einander als »Geistesverwandte« (Visionsverwandte), wenn etwas in ihrem »Geist« ausgesprochen wird (etwa in einem politischen Programm) oder in einem Zeichen öffentlich wird (etwa in einer Demonstration gegen Ungerechtigkeitsregime).

Wir dürfen hoffen, daß diese verborgene Gemeinde auch in dem, was wir kirchliche Gemeinde nennen, anwesend ist. Eine »kirchliche Gemeinde« sind Menschen, die zum Wort der Gerechtigkeit die Tat fügen. Sie hat es auf sich genommen, die Vision der Sprache der Hoffnung wachzuhalten. Bei ihren Zusammenkünften (darf sie hoffen) kommt die verborgene Gemeinde zum Vorschein und erkennen Visionsträger und Geistesverwandte einander.

12.

»Liturgie« nennen wir die Form, die wir unseren Gottesdiensten geben. Liturgie ist »gesungene Vision«. Um zu verhindern, daß es eine Weltraumreise statt eines Dienstes an Menschen hier auf Erden wird, müssen wir versuchen, Gottesdienste zu feiern, bei denen nicht nur laut gesungen und glühend gehofft, sondern auch aufmerksam nachgedacht und ausdauernd zugehört wird.

Liturgie ist Gedenken. Das Denken an die »Geschichte der Greuel« kann uns klarsehend, aber voller Trostlosigkeit, bewußt, aber voller Verzweiflung machen. Das Denken an diese andere Geschichte, die Geschichte der Liebe, möge uns bewußt und doch voll Hoffnung, klarsehend und doch voller Tröstung machen. Eine Liturgie, in der Grausamkeiten zugedeckt, weggeweihräuchert, plattgeorgelt werden, ist ein Weltraumtrip. Eine Liturgie, in der unser Bewußtsein für die Möglichkeiten einer menschenwürdigen Existenz auf Erden geöffnet wird, ist Gottesdienst im Geist der biblischen Glaubensgeschichte.

Advent

1.

Zu dir geht meine Seele.
Richte mich, richte mich auf.
Nacht, die mich umgibt,
hohe, blinde Mauer.

Es sei Licht, sagst du,
es sei neuer Tag.
Menschenkind, steh auf,
Ich-mit-dir, fürchte nichts,

so rufst du. Und ich weiß:
Du beschämst mich nicht.

Weck deine Kraft in mir,
daß ich mich befreie.
Löse dein Wort ein.
Sprich, damit ich lebe.

2.

Durch wüste Täler,
im Nebel der Zeit
irre ich in mir selbst
weg von deinem Weg –
keine Hand, die winkt;
keine Stimme spricht.

Schlag die Augen auf,
sagst du, sieh das Licht,
das von weither winkt
und dich zu mir ruft.

Und ich richte mich auf,
hebe den Kopf – und sehe.
Zu dir steigt meine Seele.
Du beschämst mich nicht.

3.

Sprich nicht mehr zu mir.
Laß mich. Ich will nicht.

Wie ein Stein lieg ich,
tief in einem Loch,
weit weg von dem Licht –
und so ist's mir recht.

Zu oft hieß es: »Jetzt«
und »Du bist mein Gott«;
dacht ich, zu sehen,
was du uns versprachst.

Kurz nur war es wahr,
und dann war es fort.
Laß mich, wo ich bin.
Du beschämst mich doch.

4.

Über mir ein Schlaf
wie der Tod, so tief.

Meine Seele aus mir,
fall ich aus der Zeit,
hin, wo nichts. Auch dort
deine Stimme noch.

Zweifel löst sich auf.
»Ich-mit-dir«, sagst du.

Keine Nacht so schwarz.
»Doch der Tag, er kommt«,
sagst du. Und ich weiß,
daß du Gott bist. Doch.

Morgen wird es sein -
neue Anfangsglut.

5.

Angesicht der Glut,
das die Wolken reißt,

Wort, das Raum erschafft,
Zukunft, weites Land,

wo Gerechtigkeit
so wie Flüsse strömt,

wo ein Weinstock blüht
gegen Felsen an.

Zeig mir nicht umsonst
meiner Seele Traum.

Gib, daß ich beharr
auf deiner Vision.

Du, beharr in mir.
Licht, beschäm mich nicht.

Das neue religiöse Buch

Eknath Easwaran bei Herder:

Der Ruf des Universums
Neue Sensibilität für das Leben
180 Seiten, Paperback. ISBN 3-451-22601-4

Eknath Easwaran leiht dem Ruf des Universums seine Stimme und schärft die Sinne für eine neue Sensibilität gegenüber dem Leben und der Schöpfung. Dabei entlarvt er die sozialen Sünden, die Welt und Menschheit bedrohen. Entschieden plädiert Easwaran für ein neues Bewußtsein und weckt Phantasie für die Erde und das Leben. Ein packendes, erfrischend positives Buch.

So öffnet sich das Leben
Acht Schritte der Meditation
220 Seiten, Paperback. ISBN 3-451-22323-6

Durch Meditation zu mehr Lebensqualität. Ein praktisches Meditationstrainingsprogramm für Leute von heute. Der Weg zu einem neuen Leben: zu Stille statt Streß, zur Kraft der Konzentration, zur Harmonie mit Gott und allem Lebendigen.
So urteilte Henri J. Nouwen: »Dieses Buch hat mir sehr geholfen.«

Verlag Herder Freiburg · Basel · Wien